ダンスの起源

PASCAL
QUIGNARD
collection

パスカル・キニャール・コレクション

ダンスの起源

桑田光平＋堀切克洋＋パトリック・ドゥヴォス 訳

水声社

目次

第一章　『メディア』の創造

マリ＝ロール・ピコ〔文学批評家〕が、わたしたちを昼食に招いてくれた。二〇一〇年四月二十八日。カルロッタ池田とわたしが再会して、向かい合わせに座ったのは、ガロンヌ川の上に建てられた小さなレストランの一階吹き抜け部分だった。空は快晴だ。そこは屋外だった。悠然とした川の流れがわたしたちを取り囲んでいる。カルロッタのすぐ左には、幼気《いたいけ》な少女がキャランバー〔フランスの定番のキャラメル菓子〕のアイスを幸せそうな顔で頬張っていた。オレンジ、青、黄、ピンクなど、色豊かな氷菓子だった。少女がわたしたちに教えてくれた。まさにその瞬間、ぱくりと口のなかに入れようとするスプーンの先の色がいかに光り輝き、甘やかで、とろけそうで、夕暮れのようで、いかに強烈なチューインガムのような香りがするかを。わたしたちは目を見張った。カルロッタは言う、美しく香り豊かなアイスクリームをひとつ、食後にいただこうかしらと。わたしは、その当時ジルベール・

グラスマン〔哲学イベント「シテフィロ」の創設者〕とともに関わっていたメディアについての作品の話を切り出した。リール宮殿美術館のために書きあげた『思考のポートレイト』である。静謐で、強靭で、内省的で、垂直的なフレスコ画を少しばかり真似てみながら、その昔、古代ローマ人たちが描いた《メディア》が、自分を裏切った男に深い苦しみを与えようと思っただけで胸の鼓動を抑えきれずにいたことを伝えた。一方で、カルロッタ池田が素晴らしさを力説したのは、パゾリーニのメディアだった。それまでにフランスでわたしは、ガップ〔プロヴァンス＝アルプ＝コート・ダジュール地域圏の都市〕の山々に囲まれながら、アンジェラン・プレルジョカージュ〔ダンサー・振付家（一九五七年―）〕に向けた上演台本を執筆したことがあった。当初は、『失われた声』という題名だったが、最終的には『無尾類』というバレエ作品になったものである。スイスでは、フィリップ・サール〔ダンサー・振付家（一九五七年―）〕に『音楽の憎しみ』という台本を書いたし、ブリュッセルでは、イングリッド・フォン・ヴァントック・ルコフスキー〔演出家（一九六七年―）〕に『冥府を見つけるために』という台本を書いたこともあった。そして、ヨンヌ川の流れる片田舎に戻ったのちに執筆したのが、カルロッタ池田に捧げる舞踏のための台本だった。

琴は、十三本の絃をもつ桐製の撥弦楽器である。自分の手前に置いて、膝をついて演奏する楽器だ。琴の音色に身を委ねている時間は、風流《フウリユウ》である。日本の風流は、ローマ社会でオティウム〔otium〕と呼ばれていたものと同じで、芸術に全身全霊を捧げている時の流れを意味する。

空虚に捧げられる時間。

ふたつの太陽に挟まれる夜に捧げられた時間。
アラン・マエは跪いたまま、みずから持参した琴と、パソコンと、音の鳴る石を正面に置いて音を生み出し、あたらしい即興がはじまるたびに心は揺さぶられていたが、わたしが押し黙った瞬間に巨大な浪が、人間を呑むこむほどまでに巨大な波が立ち上がり、あたりを取り囲む闇が濃さを増してゆき、その中心でわたしが暗闇〔obscurité〕の奥底からシャーマンが出現するにちがいないと思っていると、目の前に少しずつ、ひとすじの光が見えてきて、彼女のトランスがはじまったのだった。

毎晩、舞台上では、一時間と少しのあいだずっと、闇〔noir〕の中で観客に背を向けながら、わたしとカルロッタは正面から向かい合っていた。彼女がわたしのほうに迫ってくる。尋常でない敵意に満ちた眼差し。わたしたちは、完全に「ライブ」だったし、「つながって」いたし、同時代人ですらあった。われわれが生きてきたのは、「ポスト・モダン」〔＝現代人〕ではない。われわれは「一九四五年以降《ポスト》の人間」だ。幼少期をともに廃墟のなかで過ごしてきた。廃墟を生み出したものを何ひとつ忘れられず、瓦礫のなかを、瓦礫とともに生き延びようとした子供たち。生まれ直そうとした子供たちだった。かくして『メディア』は、ボルドーで初演された。二〇一〇年十一月二十七日のことである。アキテーヌ〔二〇一五年までフランス南西部に存在していた地域圏〕のモリエール＝セーヌ劇場の舞台で上演され、のちにパリでも巡演された。二〇一一年一月二十六日、パリ市立ヴィレット劇場である。この書物の第三章（書かれた当初は、「瞑想するメディア」というタイトルだった）は、舞台のための上演台本（わたしとカルロッタの二人組にアラン・マエが加わって『メディア』というタイトルになった）であり、二〇一〇年十一月二十七日の土曜日にカルロッタに手渡したものから何ひとつ変わっていない。とにかくわたしは、彼女の横に座ることができるなら、あの世の鹿か、生きた猪を払ってもいいと思っていた。われわれが東京へと渡り、スーパーデラックスというアンダーグラウンド系の地下会場〔二〇一九年閉鎖〕で上演したのは二〇一一年十月末のことである。続いて福岡港に赴いたのが、十月二十四日。願わくはいつの日か、わたし自身が幼少期を過ごした街、ル・アーヴルの港でも『メディア』を上演したいと考えていたのだが。

第二章　子供

「この借りを忘れるんじゃないよ！」

かれは小さな男の子だった。忘れたわけではないのに、もはや何が問題かがわからない。両親に何をそんなにこっぴどく叱られたのか、うまく呑み込めなかったのだ。失われたものを求めて、少年は草むらを掻きわけ、堀のなかを覗き込み、引き出しをひっくりかえし、本を読み漁った。あてどなく、あちこちを歩きまわった。すると、動物たちがこんなふうに声をかけてきた。

「どこに行くんだい？」

そのとき、少年はどんなふうに答えればよいのかわからず、逆に彼らに聞き返した。

「ぼくが返さなきゃいけないもの、何か知ってる？　何を返せばいいんだろう？」

動物たちはこう答えた。

「そんなこと、どうしてわたしたちが知っていると思う？　考えるのはきみだろう。頭を使えよ。宝物かもしれないだろ。あるいは、もっと個人的なものを預かっていたのに、失くしてしまったとかね。ひょっとして、その記憶も失くしちゃったのかい？」

　厳格な両親が怖くて、少年はなるべく彼らに近づかないようにしていた。彼らの前では、冷静になることができなかった。顔をあげて目を合わせた途端に、全身が竦《すく》んでしまう。しどろもどろになってしまうのだ。少年は必死になって、苦しみを押し殺して、自分が本当に見失ってしまった正体不明のものを探しているふりをした。でも本当は、ずっと喉がしめつけられていた。そしてついに、ごまかしが効かなくなった。探すべきものが何なのか、全然わからない。努力はしたのに、何ひとつ手がかりがつかめない。あちこちを探し回ってみたけれど、膝が痛みだし、爪が黒ずんでいくだけだった。

　そしてある日、こんなふうに告げられた。

「おまえの顔は、もう見たくない。あれを持って帰ってこれないのなら、家に戻ってくるんじゃないよ、わかったかい」

　そうして、少年は家を出た。歩きつづけた。それもかなり遠くまで。本当にいろんな場所を探し回った。山も谷も、森も野原も、洞穴も、川の中も、地下室も、屋根裏部屋も、郊外も、部落も、廃墟の町も、図書館も、美術館も、遺跡も。しかし、何も見つからない。掘り出したものからは、手がかりのようなものさえ、何ひとつ出てこなかった。もはや、目の前に何があるかさえ、あまり見えなくなっていた。何者かが、少年の目を霞ませていたか、眩ませていたのだ。どうやって前に進めばよいかもわからない。何から何までが耳鳴りを催し、言葉はたいして役には立たなくなっていた。自分を奮いたたせて何かを考えてみても無駄だった。ますますお腹がすくだけ。どんどん寒くなるだけ。不意にとっぷりと日が暮れた。自分が歩いていることはわかっていたけれど、辺りが暗闇に呑み込まれ、まもなく、夜の訪れとともに、雨が降り出した。足元にぽつぽつと乾いた音が鳴る。目の前に広がっていたのは湖だった。地上では、暗闇のなかでかろうじて見える程度だったけれど、水べりに沿って、小さな野生の稲が芽が出していて、雨に打ちひしがれていた。

　雨は信じられないほど激しく、横なぐりに降ってきた。

　凍りかけのとても冷たい雨だった。頬や唇を掠めていく雨は、挨拶のキス〔北風を表すbiseと同音異義語〕のようだった。たちまち、骨の髄まで濡れてしまったように感じられた。少年は寒さに震えながら、大きな樫の木の下まで、身を縮めて走っていった。木の梢はとてつもなく巨大だった。隆々とした枝の下にたくさんの落葉が重なりあい、そこにもまたさらに、ほとんど完璧といってよいほどの暗闇があった。雨粒は木の根元にまで及んでいないものの、巨木を包みこむ暗闇はほとんど光を受けつけず、寒さは冷え切った雨の中と、ほとんど変わらなかった。でも、濡れてはいない。幹の巨大な裂け目に沿って湾曲した木、そこに隆起していた瘤を枕のようにして、かれは眠り込んだ。少年の息は、唇の隙間からあたたかな靄のようになって発せられたが、それも少しずつ薄れていった。そしてとうとう、少年は凍え死んでしまった。

第三章　瞑想するメディア

わたしが十二のときの恋人の
母親は
娘を浴槽で殺そうとしていた。

第一幕　メディアという名

瞑想するメディア。

言葉は生き物だ。

メディアという名前の根源には、《Med》がある。このメディアという名から、ラテン語、イタリア語、フランス語では、三つの言葉がさらに派生した。

真昼〔Midi〕。
医薬〔Médecine〕。
瞑想〔Méditer〕。

メディアは真昼《ミディ》である。メディアは〈太陽〉の愛娘だ。真昼とは、太陽がもっとも高い位置に昇る時間帯である。日の光がもっとも烈しく輝く瞬間。天空のもっとも高い位置に太陽の軌道が達する時点。つまり、時間がもっとも目に見えるものとなる瞬間だ。

医薬《メドウシーヌ》という語は、摩訶不思議な力の持ち主としてのメディアの名に由来する。「メディア」の「医薬」、それは塗布薬、聖油、キリスト－塗油〔キリストの語源は「塗油する」という意のギリシア語〕、バルサム〔天然樹脂と揮発性油の混合物〕であり、つまりメディアが治療《ルーメディエ》することを再び可能にするものだ。

そしてメディアは、瞑想《メディテ》〔meditari〕する。それもあらゆるものに先駆けて、誰よりも先に考え、夢のなかで思索にふける。

瞑想という言葉がメディアの名から生じたのと同じように、メディアの背後には大地母神《マグナ・マーテル》、山々の大いなる母、山岳に住まうニンフといった存在が控えている。メディアは、みずからの心眼を通して、浮かびあがって到来するものを見通すことのできるシャーマンなのだ。

ギリシア語のメディアは睾丸を意味するが、男たちはかつてそれを石のナイフで切断し、大いなる母であるキュベレー〔アナトリア半島のプリュギアで崇拝され、古代ギリシア・ローマにも信仰が広がった大地母神〕の祭壇に供えた。

クロノスはかつて、母親〔ガイア〕の手から、金剛の鎌を受け取り、〈天空の神〉である父ウーラノスの睾丸を切り取った。切り落とされた睾丸は、海へと落ちた。この泡から生まれたのがアフロディーテである。

アフロ－ディーテ〔Aphro-dite〕とは、泡（アフロス）によってつくられたものという意味であり、彼女は、海に浮かぶ父の泡から生まれた。

アフロディーテが〈天空の神〉の娘であるように、メディアは〈時間の神〉〔クロノス〕の娘である。

メディアは真昼であるという表現が意味するのは、彼女自身が中断された時間であるということだ。

真昼に、もっとも高い位置に達した太陽は、運動を一時的に止め、一切のことを擲ってしまう。

メディアは真昼《ミディ》に瞑想《メディテ》する。

第二幕　メディアの来歴

ここからは、メディアの来歴についてお話ししよう。

その昔、世界の果てにあるコーカサス山脈の頂まで、〈時間の神〉の支配が及んでいたころの話である。大きな樫の木の樹皮に、〈時間の神〉は雄羊の黄金色と白色の毛を括りつけた。しかしまもなく、メディアが木から黄金の羊毛を引き剥がしてしまった。彼女はそれを、ギリシアにやって来たばかりの男に与えてしまったのである。たった一隻、二〇オールの大きな帆船に乗って、海を渡ってきた男に。

船の舳先に仁王立ちとなって屹立する立派な体躯の男に、メディアの心は瞬く間に奪われた。男の肉体は、黒色と橙色の豹の毛皮で覆われている。右足を靴のなかに滑り込ませたことは一度もない。左足には金のサンダルを履いている。男はひどく醜い様子で足を引きずって歩いていた。

男の名は、イアソン。

船にはアルゴーという名前がつけられていた。

イアソンは、着ていた毛皮を地面にそっと脱ぎ捨てた。右手は、黄金の羊毛を掴んでいる。〈時間の神〉の娘が、男に与えたものだ。

メディアは右手でイアソンの左手をとり、左手で弟アプシュルトスの手をとった。三人は、急ぎ足でイアソンの巨大船に乗り込んだ。船乗りたちが帆を引きあげる。風が帆をふくらませる。そうして一行は出港した。

〈時間の神〉の艦隊は、一行を追跡した。

しかし、〈時間の神〉が迫ってきたので、メディアは弟を拘束して、息のある状態で八つ裂きにし、両腕も、両脚も、両耳も、鼻も、ついには性器までばらばらにして、海へ投げ捨ててしまった。ばらばらになったアプシュルトスの四肢を集めようと、メディアの父が手間どっているあいだに、一行はどこかに姿を眩ませてしまった。

散逸したアプシュルトスの遺骨は、トモイという地に埋葬された。

メディアとイアソンの間には、ふたりの息子が誕生した。彼らには、メルメロスとペレスという名前がつけられた。このふたりの子供には、トラゴスという家庭教師がついた。トラゴスはかつて、プリスコス〔コルキスの地に「黄金の羊毛」をもたらした人物〕の家庭教師をつとめていた男だ。

五人は揃って、コリントスの港から船に乗り込んだ。

コリントスの王であるクレオンにはひとりの娘がいて、名をクレウサといった。

このクレウサというクレオンの娘を見た瞬間、イアソンはメディアのことをすっかり忘れてしまったのだ。

イアソンはすぐに、コリントスの王に娘との結婚を申し込んだ。婚礼のドレスを仕立てたのは、メディアだった。彼女はそこに、油をたっぷりと塗りこんだ。ドレスは、若くて艶やかな王妃が袖に素肌を通した瞬間に燃え出すよう、乳脂、香料、白粉、魚粉、とにかくさまざまな医薬が塗りこまれていたのだが、それらはどれも彼女自身が、つまりメディアが調合したものだった。王妃は松明のようによく燃え、たちまちコリントスの王宮にも火が延焼し、空にまで白く大きな煙が立ちこめた。

第三幕　メディアは真昼に瞑想する

ヘラ〔クロノスの三女でゼウスの妻〕の神殿で、メディアは覚醒している。

メディアは真昼に瞑想する。

見つめている右の方の、その先には、燃えあがって粉塵と噴煙に覆われた宮殿が見える。

ぎこちない佇まいで、自問自答を繰り返しているようだ。両方のまぶたは降ろされたまま。黙思していることが、彼女の心に浮かびあがってくる。決心はついていない。まだ躊躇している。子供たちは可愛い。夫は憎い。ひとりの女として、最高の悦びとは何か。夫に復讐することなのか。子供たちを守ることなのか。迷いが晴れない。だから、彼女は瞑想する。心が引き裂かれている。だから、彼女は瞑想する。メディアは、誰よりも美しい。ポンペイのディオスクロイ〔ギリシア神話に登場する双子の兄弟カストールとポリュデウケスのこと〕の家を描いたフレスコ画の真横に、真っすぐに立っている。彼女のなかで何かが大きくなってゆく。両手で剣をもっているが、掴んでいるのは柄ではない部分だ。剣は、十本の指で支えられているにすぎず、恥丘に優しく乗せられている。

左側には、かつて家庭教師だったトラゴスが描かれており、二人の子供たちを見張っているのが見える。

フレスコ画の中央では、メディアの二人の子供、メルメロスとペレスが、骨牌《オスレ》〔羊の距骨でつくられた賽子のような玩具〕で遊びながら、いまにも骨とならんとしている。


白みがかった噴煙が、街の上空にあがりつづけている。街は炎のなかで音をたてて崩れてゆく。

彼女のなかで、何かが高揚していく。


そのときだった、二人の子供を手にかけたのは。

そしてすぐに、着ていたトゥニカ〔古代ギリシアの貫頭衣〕をすこしばかりたくしあげ、両脚を広げたメディアは、手の中の剣をみずからの性器に刺し込み、イアソンとの間に生まれてくるはずだった三人目の子供が通るはずの胎道を貫いた。

メディオス、それが生まれなかった子供の名前である。母なるメディアが、生まれる前に鋼の剣で始末してしまったことで、三人目の子供が生まれることはなくなった。

時は真昼。

メディアは太陽とともに、太陽へと上がっていく。

メディアは、父である〈時間の神〉の元へと戻っていく、そのかたわらには祖父である〈太陽の神〉〔ヘリオス〕がいる。

第四幕　黒母

地母神に仕える神官たちは、石刀や銅剣で睾丸《メディア》を切断されると、さまざまな呼ばれ方をするようになる。
閹人、
色子、
宦者、
火者、
陰間、
隻霊、
乞食神官、
放浪修道士、
化粧男、変装家、女装家、女男、歌うたい、ほらふき、太鼓叩き、踊り子。

どうして女たちは、あれほど子供を欲しがるのだろうか。
それは、子供から復讐されるためだ。

「石のように放り投げなさい、あなたの赤子を。赤子は、そのためにあるのです。彼らは、自分たちの〈時〉をもっている。乳飲み子は、道すがら生きているものを一人残らず殺してしまうのですよ」

王女メディアと処女マリアの間に大差はなく、
彼女たちが世界に投下するものは、ふたり揃って、
死んだ子供である。

彼女は、はだけたままの胸を左手で叩いて、こう告げる。
「Sequere felicem impetus. わたしはずっと、迸るような悦びを求めてきました」
マリアは十字架の足元で、ヴェールで顔を隠したまま、上を見あげて懇願していたが、
メディアは剣を性器に立てかけ、目を閉じたまま、瞑想している、

わたしを投げ落とすこの女はだれなのか？
両瞼を下ろしたままの顔で、血の気が失せたままの肌で、
ふくよかな胸を下に垂らし、
大きな体躯は長い上半身を前方へ傾け、
遠く、
闇のなかで燃えあがる王宮の炎が放つ
紫色の光に痩せ細った怖ろしい顔が照らされた、
わたしを投げ落とすこの女は何者なのか？
彼女は何者だったのか？

彼女は
何者だったのか？

人が生まれるのは、内部なのだろうか、外部なのだろうか？

ここはどこなのか？　この薄暗い場所はどこなのか？　どの地方なのか？　どの世界なのか？
わたしがいまいるここは、どこなのか？　わたしがいま、満たされては吐き出している空気の震え

は、何なのか？　わたしがいま、投げ出されているこの地はどこなのか？

昔々のことだった、あるところにひとつの内部があった。しかし、それは失われてもう存在しない。

内側の世界は、産声を、初めての泣き声をあげた瞬間から、失われはじめるものであり、
言語を通じて、どこまでも失われつづけていく。

第五幕　母親と亡き子

眠っているあいだ、彼女は寝返りを打ち、赤子は死んだ。
母親は、
夫の睾丸《メディア》を労わり、
夫の睾丸から届いた精子を腹のなかで守り抜き、
みずからの性器から出た子供たちの世話をする、
と同時に、逆向きに動き出し、前触れなく、わが身だけを振り返って、思い切りよく、母乳ではなく毒を与え
存在を、

守り抜こうとするのではなく、
消し去ろうとする。

眠っているあいだ、彼女は寝返りを打ち、赤子は死んだ。
Dormiens, eum oppressit.〔眠りのうちに縊られし〕
彼女は寝返りを打って、苦しませ、息の根を止め、そして赤子は死んだ。
母親は、社会のなかで、社会を再生産する唯一の力を手にしている、
母親は、出生、時間、太陽、生殖、月経、生命に関わる唯一の能力を手にしている、
そして逆向きに動き出し、わが身だけを振り返って、思い切りよく、無を、孤独を、絶望を、死に至る血を、夜を、つまり死に関わるすべての力を手にしている。

だからこそ、ソロモンはふたりの母親に剣を差し出し、子供を切り裂くように要求したのである。

第四章　拒絶されたマリア

それは、ひどく暑い日のことだった。灼けつくようなその日、ゾシマ神父は、高齢にもかかわらず、川岸付近で立ち止まった。焦げつくような草の上にわざわざ座りこんだのは、その下にわずかな風の通り道があり、水気を含んだ、みずみずしい大地の匂いがほのかに立ち込めていたためだった。神父は、目の前に流れる冷たい水のなかに脚を揺蕩わせていた。

そして、決心した。

神父は石から石を渡り歩き、ヨルダン川を横断していった。砂漠のなかを突き進んでいった。叫び声が耳に入ってきたのは、ちょうど灼けつく砂丘の上を歩いていたときだった。

「振り返らないでください！　裸なのです」

« Mulier sum nuda.»（わたしは裸の女です。）これが、砂漠に響き渡ったラテン語の声が意味するところである。ゾシマ神父は、声が命ずるところに従った。その場で立ち止まり、振り返ることなく、何もせずにじっと待っていた。

神父の後ろから、自分が裸であることを告げた女の声は、つづけて次のように大声で言った。

「お召しの服をこちらに投げていただけませんか。そうすれば、体を隠すことができますから、こちらを見られても恥じらいを感じることもありません」

《Pallium tuum mihi porrige ut possim sine verecundia te videre.》（着ている服をこっちに投げ捨ててください。そうすれば、あなたがこちらを見つめたとしても、羞恥心を感じることなく、そちらを見つめ返すことができます。）

ゾシマ神父は着ていた服を脱ぎ、それを後ろに向かって投げ放つと、服は砂の上にばさりと落ちた。

しかし、祭服がなくなったことで、砂漠の炎天下、裸で、弱々しく、骨すじばった、憐れな姿に突如陥ってしまったのは、神父のほうだ。気まずさを感じずにはいられない。裸であることに恥じらいを感じた神父は、今度は女に向かってこんなふうに告げた。

「女よ、あなたの目から見て、男が裸のままで遭遇したときに感じる気まずさがどこからくるものなのか、わかるかね」

女は背後で、服を掴み取ろうと、砂の上を這うようにして近づきながら、大声で言った。

「見当もつきません！」

すると、ゾシマ神父は、振り返ることなく、こう尋ねた。

「わたしたち男が感じる恥ずかしさは、あなたたち女が、男の前で服を脱いだときに感じるのと同じだと思うかね」

「男ではないというのに、どうしてそんなことがわかるのでしょう」、と女は答えた。

彼女は服を拾いあげると、それで裸を隠して、再び立ち上がった。

「わたしはマリアというものです」、と女は言った。

「わたしはゾシマだ」、と男は答えた。

「ゾシマさん、もうこちらを向いても結構ですよ」

男は振り返った。

女は微笑んだ。マリアは全身痩せこけていたが、とても美しい女で、あまりに大きなゾシマの祭服から、まるで小鳥のように顔をちょこんと出していた。

いまや砂漠の中央で、裸のまま妙齢の女性と対面することになったゾシマ神父は、両手で隠していた恥部が意志とは裏腹に隆起してしまったため、こう告げたのだった。

「マリア、あなたの前で裸でいると、恥ずかしいのだが」

「ゾシマさん、手で隠されているものを隠しておけば十分です。男の人にとって、恥じらいを催すものは、ほかにありませんから」

「マリア、つまらぬことを訊いてもよいかね」

「ええ、どうぞ」

「裸の男が近くにやってきた女に見られることで感じる恥ずかしさが、女の裸を見たいと思っている男の前で裸の女が感じる恥ずかしさと同じかどうかはわからないが、われわれ男にとって裸が、非常に日常的で、自然でさえあるというのに、そのような気まずさをいつも感じさせるのが一体なぜなのか、ひょっとすると、あなたはご存知なのではないかね」

　すると、マリアという名の女はこう説明した。

「それなら、かんたんにお答えできます。わたしにとって裸というものは、神の前で拒絶されたと感じさせたものだったのです。わたしは裸の体を売っていた女なのですが、教会に足を踏み入れたときにすぐ、何か不思議な力によって拒絶された気がしたのです」

《Subito et invisibiliter repulsam patior.》（わたしは、突然の見えない力によって、身廊〔入口から主祭壇に向かう中央通路のうちの翼廊に至るまでの部分〕の外側から照らされていた。）

　エジプトの聖マリアは、教会で感じた印象を、次のように詳しく語った。

「わたしは抗うことができず、教会の影に足を踏み入れることへと駆り立てられたにもかかわらず、身廊のなかに入ると、まったく巨大な逆向きの力が肉体に向かって流れ込んできて、ふたたび扉のほうに押し返され、ついには聖域の外へと押し出されてしまいました。仕方なく、わたしは彷徨い歩きつづけました。強い風が吹き、太陽が照りつけるなかを彷徨ったせいで、着ていた服はボロボロになっていきました。わたしは裸に近づいていき、見れば誰もが自分の起源がわかるほどでした。

いったい誰が自分の起源を好むというのでしょう？」

ゾシマ神父から服を譲り受けたことで、女は平静さを取り戻していた。これでもう、人間の最初の姿を衆目に晒さずに済むからだ。尻も、胸も、そして艶のある黒色の恥毛によって覆われていた性器も、祭服の透けない素材によって、いまやふたたび覆い隠されている。ゾシマ神父の大きな服で修道女のように身を包み、いわば不可視の存在となったエジプトの聖マリアは、川から川を渡っていった。そして、砂丘から砂丘へと歩を進んでいった。彼女はそのようにして長い間、神父の大きな服を着て漂泊の生活を送っていたが、やがてその服も、歩みを進めるにつれて少しずつ、雨が降るごと、冬が訪れるたび、年が過ぎゆくたび、猛暑が到来するたび、ボロボロになっていった。それは塵となった。彼女もその塵に近づいていった。

水のなかは、一羽のカモメのように歩きながら。

砂丘は、砂漠に生息する小ギツネのように駆け降りながら。


そして彼女は死んだ。ある日、そのひどく痩せきった遺体は、砂の上で優しく散っていった。小枝が折れたみたいに、しかし音ひとつ立てずに。むしろ、地面に触れていた服の裾が、しずかに折れ曲がる様子に似ていたかもしれない。彼女の遺体に近寄ってきたのは、一頭の獅子だった。獅子は爪で砂に大きな穴を掘ると、マリアを引きずっていき、そこに安置した。ついで、エジプトの聖マリアの洞窟に向かい、残っていたゾシマ神父の祭服（実際は、長さ二十一センチほどの切れ端にすぎず、黴が生え、カルキが付着し、腐敗し、色落ちもしていた）を口で拾いあげ、歯で咥え直すと、穴のところまで運んできて、わずかに残っていたその布切れで、聖マリアの真っ白になった陰毛と窮屈な性器を覆い隠した。そして、太陽の光のもとで何も見えなくなるまで、砂を掻き入れて穴を塞いだ。

聖女の姿が見えなくなると、獅子は眠りについた。

聖女の墓の近くで眠っていた獅子の元に、ひとりの天使が現れた。野獣はすぐに目をあけ、四本の脚で立ち上がり、低い唸り声をあげた。

獅子は、自分の顔の前で、横に大きく広がる羽根を動かしている悪魔に飛び掛かろうとした。しかし、その大きな真白なる鳥は、獅子にこう告げたのだった。

Ne timeas !

（畏るることなかれ！）

羽根をもった精霊——じつは、天使ガブリエルだった——は地面の、つまり砂漠の砂の上から一メートルほどの宙に浮かんだまま、ラテン語を話していた。

かように、父なる神が獅子の前に現れたのだった。神の子イエスがニコデモ〔ファリサイ派の指導者でイエスの遺体を引き取った〕の庭で墓石を押しのけ、その中から突如として現れ、マグダラのマリアの前に姿を現したときと同じように。

羽ばたく天使は、ライオンを祝別した。そして野獣にこう告げた。

「あなたは、聖なる存在となりました。マリアは空っぽのお腹に、二つの乳房をだらりと垂らし、背中の脊椎は細くていまにも折れそうなほどでしたが、あなたはそのビロードのような手触りの肉に隠された爪の先で、肋骨の上の肌をおだやかに貫いていた骨格にそっと触れ、砂のなかに埋葬して、鳥獣たちの危害から守りぬいてくれたのですから」

第五章　ガブリエル・コレットの三つの文章

コレット〔作家（一八七三―一九五四）。同性も対象とした華麗な恋愛遍歴で有名〕は、三つの素晴らしい文章を書き残している。この三つの文は非常に密度が高く、滑らかであるとは言いがたいが、しかしそれらを陳述しているときの彼女からは、一定の勢いが感じられる。それはこんな文章だ。「人間とはべつ種のなかで暮らしたいと思うことがよくある。美学よりも美しい自然の美というものがある。天変地異、嵐、雷雨、密林のなかを動物たちがかけ跳ねる姿、〔南仏の〕カルスト台地や〔ブルターニュやガスコーニュ地方の〕荒地《ランド》を駿馬たちが駆ける姿、平原を蛇行する河川、遊び回る子供たちの華奢な容姿、これらの中には美がある」

自分の行為を「説明」し、人生に過剰なまでの意味を要求し、〈存在〉に過剰なまでの理性を期待し、〈歴史〉に過剰なまでの法則性を読み取り、言葉の危険に挑むよりも先に自身の言葉を正当化しようとする他のあらゆるフランス人作家たち（モンテーニュ、ルソー、サド、ラクロ、スタンダール、マラルメ、ポンジュ、クロソウスキー、バタイユ……）と比べれば、コレットの寡黙さのほうが優れている。悲しいかな、わたしとて前者の例に漏れない。しかし、ガブリエル・コレットという女性作家は、ヴェルジィ城の奥方〔十三世紀の短編小説の主人公。細かな条件と引き換えに無名の騎士の恋人になる〕や、ジャンリス夫人〔十九世紀の人気作家（一七四六―一八三〇）。教育書も数多く執筆した〕のように、屁理屈を並べ立てない。コレットは、その絶対的な力に明らかに自覚的であり、さらに彼女はそれを、分かちがたいものとして、性についての寡黙と結びつけていた。何よりも大切にしていたのは、この絶対的な寡黙であり、自身のなかでそれは生命の源の証となるものであった。言い寄ってくるすべての男たちに対しても、自分が欲望するすべての女たちに対しても、彼女はそれを実践した。『わたしの修業時代』で告白しているとおり、「誘惑のコツ」は、このような慎み深さへと生涯を通じて執拗なまでに収斂されていった。うっすらと笑みを浮かべ、視線を落とし、手を引っ込めて、不可解なほどに人を避け、自分の殻に閉じこもり、質問をされても黙り込み、丁重に何かを頼まれても顔色ひとつ変えない。返答はいつだって、返答の拒絶。そんな彼女がけっして包み隠さずに賞賛したのは、一八八〇年代にフリードリヒ・ニーチェが執筆した書物の数々であった。それはコレットの母の眼から見てキュベレー〔豊穣の女神〕のようなものであり、娘の眼から見てもキュベレーのようだった。自然との完全な調和こそが、彼女の仕事の根底にある。身を震わすような残酷さが、彼女を駆り立てる。軟弱な者たち、みずからを鍛えもせず、ぶくぶくと肥えた者たちを彼女が軽蔑したのは、腹をすかせて痩せようする気概が彼らには欠けていたからだった。みずからが不幸だと信じてやまない人々を彼女が嫌悪したのは、運命によって与えられる苦しみを必然として考えるべきではないと、彼女が思っていたからだった。彼女は、やがて義理の息子〔ベルトラン〕に対してもそうなってしまうように、実の娘に対して積極的にメディアのごとくふるまった。驚くべきことに、第一次世界大戦の経験によっても人間性の概念が陰りに押し込まれることのなかった唯一の作家こそ、コレットなのだ。セリーヌの対極である。彼女が愛してやまなかったのは、ユダヤ人のふたりの男だった（シュウォッブ、グドケ）。戦争の恐怖を前にしたときでさえ恐怖を感じることなかったのは、彼女にとってみれば、塹壕はパリ攻囲戦〔一八七〇年九月から七一年一月まで続いた普仏戦争の最終局面〕よりもひどかったわけではなく、「血の一週間」〔三万人もの戦死者を出したパリ・コミューンの最終局面〕よりひどかったわけでもない。最悪は普通のうちだった。実の娘によって、男性的な姓〔コレット〕をやがて女の名前に変えられてしまう父親が重傷を負ったのは、一八五九年のメレニャーノの戦いである。オーストリア軍の砲撃によって片脚を粉砕され、そのすぐ上にある睾丸こそ両方とも無傷だったものの、ミラノの外科医によって脚は切断を余儀なくされた。皇帝ナポレオン三世によって、サン゠ソーヴル゠アン゠ピュイゼの収税史に任命されたのは、切断から三カ月後のことである。コレットの文章によると、当時の彼女は、〔二番目の夫である〕ジュヴネルと顔を合わせるために前線に出掛けるときほど、幸せなことはなかったという。ふたりが抱擁を繰り返していた安宿のベッドには、一日中を泥まみれで過ごし、塹壕のぬかるみから這い出してもなお、恐怖に冒されたままの男が放つ強烈な悪臭がこびりついていて、それだけにいっそう比類なき情熱に掻き立てられていたのだった。

「完全に思われるものはただひとつ、羊水のなかを揺蕩っている、生まれる前の日の胎児である」

みずから戦間期に裸体を晒して踊っていたコレットのこの文章には、あの奇妙な踊りを予告する何かが含まれている。やはり裸体を晒し、灰にまみれて踊る舞踏《ブトウ》、それが出現するのは、広島と長崎に爆弾が投下され、日本列島の領土が七年間にわたる米軍の占領を受けた後のことである。それまでの日本では、原爆について言及することも、それによって命を奪われた人々を哀悼することも禁じられていたのである。

土方〔巽〕が、小さな舞台の暗がりのなかで、剥き出しの両脚で雄鶏を捕獲し、その喉元を観客が見ている前で掻き切ってみせたのは、一九六二年のことだ〔正確には『禁色』の初演は一九五九年〕。起源に対する内属、母という身体の包み込みへの内属がふと、息を張って、断ち切られる。それが誕生の瞬間である。

外への圧力（破水）と内への圧力（体内への外気の侵入）の信じられないようなダンスを経て、地上世界（不動の空間、死の可能性、日常的排便、空腹）へと落下する。それが人間の経験の根源だ。

かくしてわたしたちは、誰もが闇の世界からやってきた。

それが暗黒舞踏《アンコクブトウ》であり、この暗闇のダンスが検証するのは、まだ隆々と膨張したままの性器を使って自分たちを産み落とした死者たちの骨を押しのけながら、地面の上を這って動きながら生き延びようとする、生まれたての人間たちである。《暗黒《アンコク》－舞踏《ブトウ》》とは、正確を期せば、《地表－ぎりぎりから－立ち上がる－暗闇の－ダンス》を意味する。生まれ直そうとする者。生まれ直しを試みる踊り。われわれの起源にある運動性のただなかで、生まれ直そうとする生命。

起源における放射状爆発の次の瞬間のこと。

コレットは毎日、例外なく、自身の肉体を悦ばせなければならないと語っていた。ひとりであろうとなかろうと、自身の指であろうと、女友達の唇であろうと、生涯を通じて実際にそうしていたが、彼女自身が詳らかにしているところによれば、より望ましいのは、自分よりも年下の男から挿入されることだったようだ。こうした欲求を説明するために、コレットはひとつの強力なイメージを用いている。自分には「毎日の悦びが、囚人の脱獄準備と同じように」必要なのだと。

第六章　失われたダンス

1　誕生に先立つダンス

羊水内で手足を伸ばし、接触し、探索し、
片足を支えに動き回り、
何度も方向を変えて、
暗闇のなかで、
踊り出す直前だった。

ふと本当に踊りだし
ふと姿をあらわし

光のなかに、寒さのなかに、空気のなかに、
そしてぐったりと倒れこみ、
調和的な連携を失い、自由な動きを封じられ、筋肉が衰えてゆくなか、ぐったりと崩れ落ちて
糞便を垂れ流し
息が体に入り込み、光に満ちた空気と、使い方のまだわからない言葉のなかに投げ出されると、
もはや胎児ではない、子供となる。
あの栄養たっぷりの、〈母親となる－前の－母親の－なかの－名もなき－者〉の水のなかでは泳ぐことはもう叶わない。

いったん大地に産み落とされてしまうと、体の至るところから、まるで嵐のように空気が闖入してくる。
そして仰向けになって、二本の脚を揺すり、二本の腕を投げ出し、あらゆる方向に動こうとする、
もはや肛門から口までがどうなっているのかもわからないまま、
口をできるだけ大きく開け、
叫び声を外へと押し出す。

思春期の少年たちが声変わりする（声が、身体の奥底で他のものへと変化し、そして突然、低く

なってしまう）と失われる声があるのと同じで、子供が生まれる（産み落とされ、誕生し、方向を見失い、穢され、投げ出され、弱々しく泣き出す）と失われるダンスというものがある。

失われた声の儀式のことを、ギリシア語では、悲劇と呼ぶ。
失われた踊りの儀式のことを、日本語では、暗黒舞踏《アンコクブトウ》と呼ぶ。

2　サトゥルニヌス

サトゥルニヌス〔トゥールーズ最初の司教とされる聖人（?—二五七年頃）〕は、古代ローマで、次のように綴った。「最初の人間が、暗い水から出てきたばかりのとき、二本の脚で自分を支えることがまだできなかったのは、立つことが何たるかを知らなかったからである」と。

修道士たちが僧院に集まっていた。皆は、聖サトゥルニヌスに対し、彼の言葉の真意を問い尋ねた。すると、聖人は次のように繰り返して言った。「わたしが語ったのは、最初の人間は大地に倒れ込んで這っていたということです。話せなかった以上に歩くことができず、まるで真っ白な裸の幼虫、もっと言えば白子《アルビノ》のように、地面の上でくねくねと身をよじっていたのです」

われわれはそんなふうに、第二次世界大戦から抜け出したのであり、そんなふうに母親の性器から抜け出てきたのであり、母親の穢れなき尻の割れ目の間で最初の泣き声をあげながら、暴れていたのだ。われわれは、聖サトゥルニヌスがその昔、黒っぽい水の奥底に生息していたものを描写した「真っ白な裸の幼虫、もっと言えば白子《アルビノ》」だったのだ。

誰もが、光の届かない水の奥底で生きていた。

人間の根源には、興奮状態のサテュロス〔野性的で色情的な半人半獣〕がいる。彼は、山の上にある〈松林〉で、踊り狂い、欲情して、裸の人間を切り刻み、まだ息があるのに八つ裂きにして、生のまま食べてしまう。少なくともこうしたことが、ディオニュソスの秘儀でも行われていた。手順はふたつ。ひとつは、ファスキヌス〔男根をかたどった古代ローマ時代の崇拝物〕を運搬するための祭列。ふたつめは、オモファギアと呼ばれる生食（バッコスの信女たちは、少年たちのなかで最初に生まれた者、彼らのなかで最も美しい者を、生きたまま八つ裂きにして、生のまま喰らう）。マーヤ〔インド哲学における真の実在性をもたない幻〕のヴェールが覆い隠しているのは何か。ヴェールが引き裂かれるときに出現するのは、朽ち果てゆく人類を繁殖させるサテュロスの淫靡で白いシルエットだ。その正体は、〈賢者の娘たち〉に囲まれながら、〈松林〉で暮らしているシヴァである。性器を屹立させつづけ、腕や足には装飾品として蛇を巻きつけ、頭からは鹿の角を生やし、頬や瞼を灰で覆い、背中には虎の毛皮をもつ踊る神。

起源における人間はことごとく、地面の上で不器用である。（ダンサーはことごとく臆病なのだ。）われわれは、起源において脆弱である。われわれは、誰しもがひとりで立ちあがり、一日のうちなるべく多くの時間を立っていようと、立ち続けようとする。
男性も女性もことごとく、自分の手脚の弱々しさ、不確かさ、無力さといった不意に訪れる揺籃期を前に、ひどく悔しがる。
生まれたばかりの者たち、彼らをかくも重苦しくしてしまったのは、排出《エクスピュルジオン》の記憶であり、時間と水の途方もない重さであり、彼らを無感覚にしてしまったのは、両耳を浸している深淵の耳鳴りのような静寂である。
母親の子宮《ふくろ》のなかでしていたようには、もう手脚を自由に動かすことはもうできない。だからこそ、身体の感覚（自己受容性感覚）が、かつての力を保持したいと願うのであろう。
完全には目覚めきっていないような、
眠りに足枷を嵌められているような、
彼らのことを、
真っ白な、白子《アルビノ》の裸の幼虫たちのことを、
ひとつの夢が支配し
引き伸ばし
立て起こし
持ち上げようとする。

3 「世界が始まる前に失われた踊り」に基づく内と外のふたつのダンス

田中〔泯〕（東京湾の地下の黒い床の上を這うように進む真っ白な裸の幼虫）は、こんなふうに書いている――わたしの踊りは、名前をもっていません。踊りは、個人に属するものではありません。世界は有限ではありません。人間が空間の中に現れ出る瞬間に先立つ衝動《アンピュルジオン》に、わたしが息を合わせるのです。二つの踊りが存在します。かつてのわたしは、死者たちのために踊っていたので、頭をゆらゆらと動かしていました。でも今は、地面の近くを、ゆっくり、とてもゆっくり、裸で踊っています。この世界に入り込むべく、母親の体によって投げ出された先の地面の上で何とか動こうと、土の上で何とか前に進もうと、初めての空気のなかで何とか息をしようと、這っているのです。

ふたつの王国が存在するように、ふたつのダンスが存在する。

第一のダンスは生誕に先立ち、誕生とともに落とされる。

第二のダンスは、羊膜の水のなかで失われてしまった泳ぎ方、生誕の苦しみのはじまりでその膜が失われるときに失われてしまった伸縮の仕方を、空気中でもできるように甦らせ、演じ、真似て、移し換え、再計算し、表現してみせる。

ヨーロッパ的な芸術の制度について論じるとき、〈ダンス〉、〈マイム〉、〈音楽〉、〈仮面劇〉、〈悲劇〉を区別することが、わたしにはできなくなってしまった。それらをシャーマン的な憑依と完全に腑分けすることもできなくなってしまった。それぞれの境界線を定め、対立軸を見つけて、相互の連関を見出すこともできない。

いまや、われわれの伝統を作り上げてきた芸術の制度に別れを告げなければならないと思っている。

わたしのダンスの定義には、上も下も、闇も光も、シルエットや影の投影も、すべての動作が含まれる。場合によっては、そこに足取りが加わることもあるが、しかし表情だけは絶対に含まない。（第二の世界での表情や、個人的特徴、出自と関わる服装を除外するのは、人称や姓名のように、集団的に話されている言語の習得から生じるあらゆるものを追放するのと同じである。プラトンがその生涯を閉じるころ、『書簡集』の最終巻〔『第七書簡』〕で語ったように、「言葉から、名前から、定義から、そしてイメージから離れることができなければならない」。つまりわれわれは、丸裸にされ、同一性を奪われ、純粋な状態に置かれ、欲を捨て去り、痩せこけて、寡黙なまま、骨と皮だけの存在になることで、まさしく、生誕の起源からそんなふうに遅れて、自分たちの存在の前に姿を現しにきた〈存在〉の光に、できれば立ったまま、立ったまままゆっくりと、近づいていかねばならない。）

誕生に先立つ遊泳（原‐ダンス〔Ur-Tanz〕）の前にはさらに、目には見えない交接（co-itus）が先立って行われている。Co-ire は、ふたりで旅をするという意味である。新しい体を生みだすこのダンスは、もっと古くからある性を異にするふたつの肉体が、ベッドに、苔の上に、砂の上に、あるいは洞穴のなかの湿った石の上に倒れ込み、音を立てて絡まりあって、どこだかわからない場所まで一緒に向かうことに端を発する。受胎《コンセプシオン》のダンスは、まず身体という概念《コンセプト》（胚胎《コンセプトウス》、胎児）を生み出し、そのあとでようやく、身体は存在を獲得し、闇の世界のなかで成長しはじめる。つまり、ふたつの生命の雫が着床する子宮の一点は、それ自体が薄暗がりの内壁に固定されており、それ以前には天上の光など存在しない。着床の瞬間をもたらしたのは、性的な交わり（交接《コイトウス》）の奇妙な《ふたり－旅》（co-ire）であり、それによって子宮内のダンスという拡張と収縮の連続が生じることになる（これは〈ダンス－以前の－ダンス〉である。つまり、身体が空気中に産み落とされ、大地に触れ、息に苦しみ、泣き叫び、呼吸をして、目をひらく以前のダンスである）。

　つまるところ、ふたつの交わりがある。ひとつは起源における交わり、もうひとつは空気中でのダンスを通じて思い出される交わりで、後者のダンスは、それまで一度として知覚したことがないにもかかわらず、それを夢のなかで甦らせ、現実のなかで再現あるいは再提示しようとする。

　四肢をばたつかせ、体をひねり、押し返そうとする、母親の性器からの脱出へと向かう攻撃的な時間性は、最も強く時間の感覚を喪失しながら、生誕におけるこのような外への－欲動〔ex-pulsio〕、外への－動き〔é-motio〕、前への－投げ出し〔pro-jectio〕を、呼び戻すと同時に先取りすることを通じ、踊ることとの無遠慮さを意識にもたらす。四肢のばたつきが再びもたらそうとするのは、性器期における、交わりの切迫感や興奮、突如襲いかかってきた無秩序な時間感覚や、あるときから急に生まれた悦楽であり、そのときの快楽や死の欲動に突き動かされた性的欲動や、喘ぎながら肉体を寄せ合う性交の身ぶりにおいてこそ、恋人どうしの、突然で際限のないあの旅がはじまった、そしてはじまるわけだが、そのふたりとて、息を切らし、苦しみ、呻き、喘ぐというあの同じダンスが生んだ愛の結晶であり、このダンスが再生を目指そうとするかぎり、それは幾度となく繰り返されることになる。

4　クピドーの奇妙なダンス

プシュケーは、夜な夜な隆起するクピドー（ギリシア語ではエロース）の性器をこっそりと眺めていた。彼女の魂は、ファスキヌスとなったペニシリウム（下腹部にある小さな陰茎《パンソー》のこと）の虜になっている。手の内にある蝋燭で煌々と照らし出される男性器は、むくむくと膨れ上がり、屹立し、硬直し、小さな炎のもとで痙攣しているので、彼女はさらに右手を前へと伸ばす。魂は欲望をいっそう抑えきれなくなり、彼女は突然、この世でもっとも過敏な皮膚にひとしずくの蝋を垂らし、火傷を負わせてしまう。第二のダンスは、彼女の魂が失わずにいる微かな光のなかで生まれる。欲望が痙攣し、飛び上がり、呻き、ついには漆黒の鴉の姿となって窓から飛び立ち、夜の世界と、その背後の夜空に広がる無辺の闇のなかへとまた戻ってゆく。これが、土方の暗黒舞踏《アンコクブトウ》における身ぶりである。これが、アプレイウス〔古代ローマの哲学者（一二五頃―一八〇頃）〕によるプシュケーの神話である。

5　モーゼの奇妙なダンス

同胞の民を導くことを託された地の境界線を、不意に、やはり跨ぎたくないと感じたとき、モーゼは強烈な喜びに襲われたのではないか。

これが一種の奇妙なダンスのようなものであったのは、彼が立ったまま、片足を浮かせたからである。

魂が気後れしたのだ、杖で砂に目印をつけていた岐路に、ひとたび自分の体が足を踏み入れてしまったことによって。

だが、モーゼは想像上の境界線を踏み越えることなく、周囲を取りかこむ人々に聞こえるように言い放った。「わたしは、借りた地よりも約束された地のほうを望む。この意味がわかる者がいるか！　ひとりの人間が、同胞のすべての民のため、ふたつの世界があることを忘れてはならず、それらを区別するためにみずからの手で引いた線を、神聖なものとして崇めなければならぬということを」

6　生誕という岐路

あらゆる経験の土台である生誕は、（一）逆らいがたい圧力〔pulsio〕である。大きな容れ物としての身体は、内に含んでいた小さな身体を大地へと排－出《エクス－ピュルゼ》する。（二）ひとつの有機体のなかに、空気という未知の存在が闖入するという事態である。この暴力的な闖入は、思いがけない出来事として、それまでは我慢していた身体のなかに、肺呼吸を駆動させる。この闖入は、何かをもたらすと同時に、何もできなくさせてしまう。ふたつの肺が開かれ、そこに空気が一気に流れ込むと、小さな身体は地面へと崩れ落ちるのだ。この不法侵入は、空気の流れに無理に従わせようとする絶対的な〈他者性〉に起因するものだが、同時に大地《テール》であり、恐怖《テルール》であり、上陸《アテリサージュ》であり、悲嘆《アテルモン》でもある。生誕の際に、空気によって水が押し出されることで生じるこの津波によって、未知の大地に産み落とされた身体は、最初の世界である液体空間のなかで動けるようになりはじめ、動きをコントロールできつつあったにもかかわらず、奇妙なことに一切の運動性を喪失してしまうのだから。

生まれたばかりの身体は、（鯨の腹のなかに波もろとも呑み込まれてしまったヨナ〔旧約聖書に登場するユダヤの預言者〕のように）海の底に沈むことなく、むしろ海の底から、立ちあがってくる。まるで、大地に向かって急に崩れて落ちる前までの大波のように。

生誕時、大地はまったくの未知である。過酷である。痛みを与える。しかしそれは、一次的なものではない。つまり大地は、海に対してつねに二次的要素である。滑らかな水分や膜に対し、つねに二次的である。

小さな体は、空気という基本要素によって襲われ嬲られ苛まれるが、同じとき、空気は内側に流れ込んできて、ふたつの肺を膨張させる。空気（息、魂、言語的精神、アニムス〔女性のなかの男性的要素を表すユングの用語〕、アニマ〔男性のなかの女性像を表す〕、プシュケー）は、経験における三次的要素にすぎない。
風が急にやわらかなマストを膨らませる。世界の果てから一隻の船がやってくる。暴力的で、不可視で、野蛮で、流動的で、あるとき急に体の容積を膨張させるこの〈他者〉に対して泣き声があがる——そして、地上での呼吸の助けを借りて、大気中での生活が始動し、しばらく時間が経てば、言葉や手遊び歌も習得が可能になり、そこでは人間の話し声が、呼吸の息で彫刻をつくるように選別され、音階、属音、主調、関係調を採取しながら、やがて急に可能性を閉じてしまう。

誕生における動きは、
生まれた瞬間に、
変質を遂げる
液体で満たされた袋のなかでゆらゆらと泳いでいた胎児は
いまや

子供となって、前触れもなく外の風のなかで水を奪われ、前触れもなく熱を奪われ、人間の言葉を介さず、空気中でまったく未知の呼吸が求められ、永久に母親の身体から切り離され、孤独な存在となり、現在の身体はかつての身体に動かされながらも、自分でもどうしようもなく、大地に横たえられたまま、救いの手を受けられなければ、死が待っている。
母の外に出た母、子供とはみなそういうものなのだ。

7　致命的な岐路について

定義として、生誕の苦しみは、息を吸い込むことである。この空気の内への‐吸い込み《アン－スピラシオン》は、エデンのように湿潤なひとつの世界を排出するときに生じる四肢の弓なり緊張とともに起こる。父親が唯一無二の方法で（母親の膣のなかに性器を）押し入れたように、母親が唯一無二の方法で（性器の内側から、外の世界に向かって）押し出したように、子供もまたやはり、唯一無二の方法で出現する。しかし、（娩出《エクスピュルジオン》の）欲動《ピュルジオン》以上に、容量としての身体を大地へと引き寄せるのは、重力だ。押す、広がる、産み落とされるという三対の運動が生じるとき、もうひとつの世界のなかに正体不明のものが闖入する。

ドイツ語の Hilflosigkeit〔無力〕という言葉は、ウィーンで初期の精神分析学者たちが生誕の苦しみに与えた呼び名だが、厳密な意味からすれば、この世に辿りついたときの人間が、救いを持っていない（hilf los）状態を示す。救いをほとんど持てない者の境地とは、運命に身を委ねながらも、期せずして、孤独に戻ってしまって、無気力となっている者の状態である。

わたしの母が、まだ幼かった子供の心のどこかに植えつけたのは、このような恐怖だった。やがてその恐怖は芽を出し、一本の木のごとく成長し、枝を生やし、無数に枝分かれをして、葉を生い茂らせてゆき、怖くてたまらない分岐が減っていくと、分割の不安がますます増長し、危なっかしい岐路もますます増えていった。苛立つ母の圧力のせいで、わたしの幼年期は損なわれた。彼女は、いつ何時も傍にいたのだろうか？　空間には蜘蛛の巣のように磁場が張り巡らせられ、わたしはそこで四六時中囚われの身となっていたのである。

まるで室内で、空気の脅威に自由を奪われた一匹の小バエのようだった。苛立ちの網の目《テクストウム》は空間を硬直化させ、わたしを麻痺させた。

息もできなかった。

話もできなかった。

食べることもできなかった。

動くこともできなかった。

根源にある分岐点から、いくつもの道が放射状に広がってゆく（不吉な星から、いくつもの光線が発せられる）その中心にあるのは、空気に犯され、母親の性器から排出され、地面に産み落とされ、独力では立ち上がることさえできない、一人では生き延びることもできない身体の叫びである。

現代人が自閉症と呼んでいるものは、病気などではない。こうした経験に対して与えられる存在論的な可能性である。この可能性こそが、生誕という出来事の中心にあるものだ。

言葉を話せぬ子供にとっての正真正銘の選択――この選択が、生命の臨界点において実行される。最初の分岐は、誕生に関わるがゆえに、危険なものとは思われていないが、死をもたらしかねない。

(自閉症を選ぶこと、すなわち言葉、表情、人格、欲望、食欲に否《ノン》を突きつけることは、万一その選択が突然死を引き起こすとしても、可能である。死は、みずからの生命を中断するという、自然が生きる者に与えてくれた可能性である。生きるか死ぬか、人生の岐路にぶつかるたび、生きている者が手にすることができる可能性に限りはない。死が位置しているのは生の可能性の極限であり、それはあたかも岬、半島、断崖絶壁の極限にある海のようなもの。海が断崖を侵食するように、死は生を削り取ろうとする。直立歩行するヒトは、学習する。(家族、宗教、国家の)共通言語の習得には、非常に長い時間を要する。人間の声は、けっして生まれもったものではない。しかしそれでも人間は、多くの哺乳類と同様に、死を想像し、死を欲望し、死を幻想化し、死に備え、みずからに死を与えるという生まれもった可能性をもっている。)

もう動かなくていい。
食べることは拒めばいい。
息は止めてしまえばいい。

いまにも消えそうだった星が、空間に前触れもなく、八つの光線を出現させる。

この光線は、起源的で、連続的で、根源的で、幻惑的で、双曲的で、宇宙的で、個人の経験を解体させる。

この奇妙な分岐が、いちど地面に向かって行われると、過酷な大地に産み落とされ、破れた水の塊から出てきた赤子は少なくとも四つの選択を迫られることになる。

言葉か、沈黙か。

人間性か、動物性か。

社会か、孤独か。

文化＝耕作か、起源か。

8　自閉症者のゆるやかなダンス

反－誘惑の秘密とは何かを理解しなければならない。運命はわたしに、奇妙な恩寵の痕跡を与えてくれた。誘惑を求めないこととは、この世界には愛など存在しないと考えることである。自発的な行為において、わけても誰かに親切にすることがマイナスになると疑わないことである。社会生活のなかで、誰かを不快にするには、嫌悪感を抱かせるのではなく、他人のために無駄に努力することはできないと信じるだけよい。わたしはこれまでに他人の興味を引くことが一度もなかっただけでなく、さらには、元をたどれば育児放棄《ネグレクト》であったものの驚くべき結果として（ひりひりするような悲しみによって生み出されたものなのに、夢のような、素晴らしい、奇跡の結果として)、誘惑の否定が消滅の可能性の一切を消滅させてくれているのだ。

どうして、二歳のときのわたしは、家族で食事を囲むことが嫌でたまらなかったのだろう? どうして、食事もまだ終わらないうちから、顔を背けていたのだろう? どうして、闇のなかで食べているものに目もくれず、ひとりで黙り込んだ時にしか、食事を与えないよう家族に命じていたのだろう? どうして、こんな末路に辿りついてしまったのだろう? どうして、母親や祖母である人から、これほどに孤独で、よく見積もってみても、闇に包まれた食卓——照らす光は一縷もなく、闇に浮かびあがる影さえなく、皿の上のものが肉なのか魚なのか、鳥なのか蝸牛《エスカルゴ》なのか、それとも蛙なのかを判別できるような形が何も見えなかった食卓——を与えられてしまったのだろう? わたしはあたかも、暗い自分の部屋のなかで、野獣と寝ていたプシュケーのようだった。どうして、このような暗黒と沈黙のダンスが毎晩、ベッドに入る前に必ず演じられていたのだろう?

自閉症者が人々の目を引くのは、彼らのラルゴ〔情感豊かなゆるやかなテンポ〕、サラバンド〔三/四拍子または二/三拍子の典雅でゆったりとした舞曲〕、アダージョ〔ラルゴとアンダンテの中間の緩慢なテンポ〕のようなゆったりとしたダンスによる。それは、葬列の歩みのように、譲らず、忌々しく、淫らに、抗しがたく、神々しく、神聖にして不可侵で、泰然と、限りなき気配りとともに、とめどなく反復される。その手つきは、ひとつの同じ動作だけを、際限なく逸脱なく繰り返す。極端にゆったりとした自閉症者たちのダンスは、彼らの眼つきがとても深く、とても注意深く、とても印象的で、とても大きく、とても美しいことと呼応している。その眼つきもダンスも、終わりなく穴を穿ちつづけ、限界を予測することなく、どこまでも底が見えない陶酔状態である。この陶酔は少しずつ規則的な反復をかたちづくっていくが、それは不幸に近づこうとしたのと同様に、幸福の実現の埒外で行われる。言葉も眼差しももたず、甲高い声をあげ、競り合い、張り合いながら、永久に続く共同体的な輪舞《ロンド》を一緒に踊りながら人間から離れてゆく者たち、一言でいえば、この「人間から隔たっている」人間たちは、いつまでも頭を回転させつづけること、終わりなく前後にお辞儀をしつづけること、疲労を見せずに自慰行為をしつづけること、という三つの兆候によって特徴づけられるが、しかし彼らの自慰行為は、大抵の場合は淡白か、煩わしいものか、指先だけを使った実質を伴わないものだ。わたしは結婚するまで、当時制定されていた成人年齢に達してからずっと（二十一歳だったのは一九六九年のことだ）、夜になると頭がぼんやりしてしまい、それが治まることはなかった。いまわたしは、まさしくあの生誕のダンス（誕生するときの、外に向かう回転運動がたった一日だけ中断されなかったときのダンス）のことを思い起こしている。

それは、どの大陸であれ、新石器時代の陶器の表面に必ず見られる、あの繰り返されるSと同じものだ〔ただし原文の表記は esse. これはラテン語で存在を表す動詞とも重なりあっている〕。

世界中で見つかっている稀少な記号のひとつ。海の波を象った記号は、地面の土塊のなかを前進しようとして身をよじる聖サトゥルニヌスの虫のようである。砂丘の砂のなかを波打ちながら進んでゆく蛇のようでもある。爬虫類は鳥類より以前から存在していたのだから、このような波打つ蛇行は、飛行以前に存在していた。長らくわたしは、このダンスから普遍的な核《アトム》の力を連想することを嫌悪していたのだが、それは恥じらい――ゾシマ神父が砂漠で感じたものに匹敵するような恥の感情――を感じていたためであり、これらの記憶を再び呼び戻すことが陰鬱な悲しみを呼び起こし、胸を締め付けていたからだったのだ。現在も、その感情は消え去っていない。まるで、メディナに連れ帰るためにムハンマドを昇天させた天馬ブラークに捧げられたモスク〔コーラン十七章一節によれば、預言者ムハンマドは一夜のうちにメディナからエルサレム神殿までの天界飛行を行ったとされる〕の低く窪んだところで、廃墟と化した壁の前、いまは亡き唯一の〈神殿〉の前に立ち、祈りの言葉を読み上げる故国喪失のラビのよう〔イスラム教第三の聖地「岩のドーム」の壁の一部は、ユダヤ教礼拝の中心地であるエルサレム神殿の現存する外壁、いわゆる「嘆きの壁」でもある〕。

第七章　辱めと悦び

1　辱めとはなにか？

誰かを辱めることを示すインスルターレ〔insultare〕の本意は、相手を地面に叩きつけることである。辱められることは、古代ローマでは、足蹴りを食らい、地面に投げ出されることだった。辱められた者は、目線の高さを下げられ、地位を低くされ、名を傷つけられ、集団全体から踏みにじられる。つまりは、地面の上を這っているということである。ユミリス〔humilis〕、ユミリアヌス〔humilianus〕、ユマヌス〔humanus〕、これら三つの言葉はそれぞれ、侮蔑される、人間の、地上の、という意味の言葉だ。子供は、母親からこの世界に産み落とされる。廃棄物は、コンテナから震い落とされる。子宮を脱け出していまや太陽の光のなかで生活するようになった人間が、前日に飲み込んだ肉や魚や鳥を、夜明けが訪れるたび、うずくまって外部に放出しようとするときに、糞便は下腹部にある尻の穴から垂れ落とされる。ホームレスたちは、人間社会からはじき落とされる。地面に座って、施しを求めて手を差し出す物乞いは、《落ちぶれ》《デシェアンス》から（日を追うごとに、時間が積み重なっていくにつれて、凋落《マルシャンス》、奈落《マルシエアンス》の底が宿命のように感じられて）立ち直れなくなってしまった貧しき者である。物乞いとは、落ちぶれた人間であると同時に、《ひどい状態で》《マル》倒れ込んだ人間、もはや《歩くこと》《マルシュ》もままならない者でもある。彼らは、教会の柱に凭れかかっているか、轟音を立てて闇を走る地下鉄の上にある、南京錠付きの換気孔の上に横たわっている。まるで終わりなき眩惑に嫌気がさした鬱病の患者のように。あるいは、成長などしたくない、自分が変わることなど考えたくもない、そんなことはもうこりごりだと、あちこちで手足を広げて寝転がっている少年のように。ソファーがあれば眠りこみ、電車の座席が空いていれば占領し、揃えた両脚に顎を滑り込ませ、奇妙な円形のスペースを体の周りにつくりだし、その内側で眠りに落ちるあの少年たちだ。

2　スペイン人のコリーダ、ポルトガル人のトゥラーダ

スペインだと、雄牛は、闘技場を一直線に突き進み、自分に立ち向かってくる人間を一発で仕留める。熱り立った二本の角に狙われ、突き飛ばされ、突き刺された瞬間に倒れこんだ〔insultatus〕体に、牛は足蹴りを食らわす〔insultat〕。これが、スペイン人の闘牛《コリーダ》である。

ポルトガルだと、それぞれが前方の人の腰に両手を当てて前進しながら、みんなで一頭の長い竜

をかたちづくり、動きが止まったやがて殺される雄牛に向かって波打つように進んでいく。先頭の人間が両足を揃えて飛び上がり、牛の方向に突進してゆき、二本の角をしっかりと両手で掴んで、地面に膝をつこうとする。これこそが、エクスルターレ〔exsultare〕の本意である。つまり、死を覚悟して空中に飛び上がり（いわば、太陽の角にみずから進んで串刺しになり）、雄牛の頭（フェニキア人たちの文字の先頭であるアルファ、ヘブライ人たちの文字のアレフ）を地面に引き落とす〔insultare〕ということだ。これが、ポルトガル人の闘牛《トウラーダ》である。

3　根源的な三つのダンス

ある日、聖エリザベト〔新約聖書の登場人物で、洗礼者ヨハネの母〕の夫ザカリアは、口がきけなくなった。「そのとき、その瞬間、聖エリザベトは大きな声が出せずにいた腹の奥底に、身震いを感じとった」大きな声を出せない（話される言葉をもたない）この揺れ、前触れなき震動、身震いは、子宮の奥底で静かに起こった、洗礼者ヨハネのダンスである。古《いにしえ》の産前のダンスの根源には、言語に先立つ古の沈黙が存在する。

ヴォラギネ〔中世イタリアの年代記作者で、ジェノヴァの第八代大司教（一二三〇頃―一二九八）〕は、まさしくこう綴っている。**In matris utero tripudiavit quem voce non potuit.**（母親の子宮のなかで、声では言い表せない何かが足を踏みならしていた――あるいは、このように訳してもいい――母親の子宮のなかでは、話すための声をもたない何者かの、三つの足踏み《パ》によるダンス（三拍子の踊り）が行われていた。）

三拍子舞踊《トリプディタティオ》——二プラス一拍子——が、子宮から出るための跳躍《サルタツィオ》の足掛かりである。《ふくらみ《サイール》》は、誕生の瞬間を待たずして、《身震い《トレサイール》》へと転ずる。跳躍《ソ》の前には、急激な振動《トレソ》がある。内臓の急な振動が手の下に感じられる、といっても外からはもちろん見えず、腹部の肌の下に、わずかに観察されるにすぎないが、そこでは胎児の体が、不意の出現に先立って移動ないしは反転する。

トリピュディウム〔古代ローマの軍神マルスの神官団の舞踏〕は、失われたダンスの在処を明確に示している。そのあとに続くのがサルタツィオ〔古代ローマにおける儀礼的舞踊〕で、このダンスは、赤子が産み落とされるときに最高潮に達する。包み込まれていたひとつの小さな体が、それを包み込んでいたひとつの大きな体によって排出され、大地へと投げ落とされる瞬間である。ポセイドンの王国からやってきて、ガイアの大地に投げ落とされたのは、アンタイオス〔ギリシア神話に登場する好戦的な巨人。地面に足がついていないと力が発揮できない点を攻められ、ヘラクレスに打倒された〕である。かれは、古代人たちが「光の岸辺」と呼んでいたものに向かっていた。その旅の果て、空気のなかにたどりつくと（そこでかれが出した泣き声は、規則正しい呼吸へと変化した）、その身体と四本の手足は、まるで意思をもっているかのごとく、大地にじかに触れることになった（産み落としてである）。

そしてついに、ある時点から、生殖の愉悦が唐突に襲ってくる。もっともそれは、性行動や快楽的刺激が飛び抜けて遅い動物種であるヒトにおいては、十四年ほど経過しなければ生じない。勃起《エレクティオ》である。勃起は性的な悦びを生み出し、さらには欲望が駆動させる肉体的な絶頂感をもたらす。

根源的な三つのダンスはかくして、子宮－内の踊り《サルタティオ》、生誕における落下《インスルタティオ》、生殖の悦び《エクスルタティオ》によって構成される。

4　不定過去的なダンス

不定過去《アオリスト》の（起源に先立つ）ダンスは、性交である（このダンスは、懐胎された当の身体からは決して見えないところで行われているが、しかしながら、その身体の過去はそこから生まれるのが常であり、いわば常に偶発的な仕方で、男性の陰茎から放出された精子は、女性の膣の闇のなかを前進してゆく）。したがって、動物学的見地によるアオリスト的な踊りは、胎児段階の失われたダンスと区別されなければならない。失われたダンスとは、胎内で跳ね上がることではなく、飛ぶことでも、立つことでもなく、泳ぐことである。胎生段階の胎児の身ぶりは、一から十までが泳ぐことであり、元をたどれば誰もがそこでは、水のように揺蕩う身体だった。大気環境に先立つ水中での湾曲や伸張は、身体を引き伸ばそうとする。いまだまったく「言葉をもたない《インファンス》」（正確にいえば、「魚と同じで喋ることのできない」）個体は、やがて手足や頭部に対して母親の羊水の内部が行うように、ただ一点を軸として、身体ができることを拡張しようと試みていく。

Natatio in *utero*. Nativitas sub *solo*. Insultatio in *terra*. 〔子宮のなかで泳ぐ。太陽の下で生まれる。地

面の上で踊る」

生殖−性行為の悦び。つまり、人間が直立姿勢になる——べきだと学ぶ——秘密は、生殖活動に付随する——妊娠に先立つ——ペニスの勃起のなかに隠されている。

最終的に肉体は、またしても地に落ちる。しかし今度は、最後の別世界あるいは世界ではない、死の瞬間においてである。停滞。埋葬。腐食。腐敗、焼却、滅却。いずれの場合も、果てしない闇があるのみだ。勃起したペニスをもつインドの神シヴァは創造の神であり、〈松林〉の舞踊の神でもあるが、その姿はいつも火葬の灰で覆われていると同時に、性器を熱りたたせているという二点で表現されるのも、そのような理由に拠っている。

5　到達できない誕生

田中によれば、踊りにはひとつしかない。両手が奔流をよじ登っていく。鮭の幼魚がたくさん泳いでいる。そのときの顔つきは、母親の表情になる。生まれるとは、一体何であるのか？

あとふたつ、田中の素晴らしい言葉を引用したい。（これらの文章は互いに矛盾してはいるが、しかし連続的なものである。）わたしたちはみな、生簀の外に投げ出された魚だ。わたしたちは、まだ生まれていない。

言うまでもなく、遠くで聴こえる海の音は、貝殻を強く押し当ててみても聴こえず、耳が焼けるように真っ赤になるだけである。だが、それは思い違いなどではない。何千年も昔から、肉体の奥深くには際限なく湧き出る系統発生が存在する。ダンスが第二の世界で失われてしまったように、海は耳のなかで失われたのである。

田中曰く、この世界に属しているダンスを踊ることはない。踊るのは、肉体が記憶しているダンスである。泯《ミン》とは、小川、水流、清らかな水を意味する言葉だ。流れのなかで体の緊張をほどくのである。空気中で踊るときには、沈んで踊っている水の存在さえ忘れている。その昔に、わたしが存在するよりも前に、わたしではなかったふたりの人間が嵌《はま》りあう（不定過去的なダンス）よりも前に、〈かつて－存在した－生殖的な－交接の－果実〉である身体の力を借りて、肉体が記憶しているダンス（失われたダンス）を踊るのである。

踊りながら、ダンスの起源である、誕生の瞬間に接近してゆく。つまり、性交によって生み出される性別化された身体が、まったく経験したことのない孤独のなかで発散される力に向かってゆく。かくして誕生の瞬間に接近してゆくことで、失われたダンスの背後で行われる、失われた交わりに向かって進んでゆく。

6 ぎこちなさ

大野〔一雄〕曰く、暗闇の舞踏《ブトウ》が培われるのは、母親の胎内である。『胎児の夢』と題された作品〔一九八一年〕において、舞台上のダンサーたちは胎児に模されていた。大野はさらに正確に、さらに謎を深めながら、もっと強い力を込めて、舞踏ダンサーとは母親の子宮に包まれている胎児であり、それはまるで「乳児用肌着に包まれている不妊手術後の猫」のようであると言っている〔大野がこの作品の衣装として使ったノースリーブの上着は、飼い猫が不妊手術を受けて帰ったときに纏っていた包帯のような布を参照したと言われている〕。

> 土方曰く、ダンスの起源にあったのはリズムだ、という考え方は認められない。リズムが始めにあったのではない。小さな子供たちと同じで、歩くことよりもずっと前からそこにあるのは身ぶりである。しかも最初は、単にリズムが欠けているだけではなく、それ以前にはいかなる言語も存在しない。話し言葉が、やっとのことで習得されるのは、ずっと後になってからのことだ。立って歩くことが、やっとのことで習得されるのも、ずっと後のことだ。ダンスの起源を追い求めていくと、その先にいかなる技巧も見出せないのは、それが理由である。立って歩くことは、ダンスの起源でもなければ、幼年期でもない。立って歩くことは、ダンスの目的ではない。ダンスの起源に従っている人々にとってみれば、彼らが生み出そうとする動きの唯一の目的は、誕生時のぎこちなさだけである。

リズムのことを忘れよ。自分の身体は意識するな。床への執着を捨てよ。筋肉を削ぎ落とせ。訓練するな。音楽に従属するな。もう何とも関係を持つな。生まれたことを思い出せ、それが最も大切なことだ。森に棲まう動物たちのように、全体重を地面にかけてみよ。地面から侮辱される苦しみに身を委ねてみよ。そして、沸きあがってくる動きに身を委ねてみよ。牧草地にいる牛の動きは、鼻先を上げながら、鳴き声をあげる。窓ガラスに止まっていた小バエの動きは、飛び立ち、呻りながら、どこかに消え去り、またどこかにぶつかると、部屋の空気の流れに乗って急に大きな宙返りを見せる。魳《かます》はわずかな動作で、静かで暗い水のなかで顎を開くと、追跡した獲物に齧りついて、ひと飲みにする。ラスコーの洞窟の壁に描かれているバイソンの首になれ。獣たちが後ろを急に振り返り、すべての息を吐き切った永遠の闇は、丘の上の薄暗い坑道のなかで、みずからの起源を描こうとした人類の起源の闇である。日本の老農婦が行う動きをせよ。ほとんど不随になった両膝に悲鳴をあげながら、笊を下に置いて身を起こすのだ。この動きを可能なかぎりぎこちなく、言い換えれば、彼女にも引けを取らない苦しみを感じながら探るのだ。誕生に関わっているのは、ぎこちなさだけだ。右利きであったクレー〔スイスの画家・美術理論家（一八七九—一九四〇）〕が、ベルンにあるアトリエで、左手をつかって絵を書いたのも同様である。負傷した膝を痛そうに地面の上につけ、目の前の土ぼこりに両手をつけ、そしてぴんと、指先をぴんと伸ばし、爪で引いて、尻を引きずり、光として自分の目に映るものに向かって、まだ続く夜に輝く星の焼尽するような爆発でしかないものに向かって、四つん這いで前進するのだ。美しさは、起源にあるぎこちなさと結びついている。子供が踏み出す最初の一歩は、躓きの一歩、蹌踉《よろ》めきの一歩であり、それは人類の末裔が生き存えている月が照らす世界のなかで、最も美しい一歩なのである。

第八章　溢れふためき

1　落ち着く、溢れふためく

落ち着いている〔faire bonne *contenance*〕というのは、苦悩が外見に顕れないように、立派な外見を保つこと、あるいは少なくとも平常を装うことである。つまり、恐怖が体を支配して表に顕れ出るのを防ぐこと。肉体的な苦痛や悲しみに抗って、堂々とした「姿」を保ちつづけること。姿勢を正し、背筋を伸ばし、上半身を開き、顔を上げることである。

溢れふためいている〔être *décontenancé*〕とは、足取りが覚束なくなること、腰が抜けてしまうこと、パニックに陥ること、気を失って全身が伸びてしまうこと、死ぬほどの恥ずかしさを感じ、実際に赤面して顔が引きつること、唇の震えが止まらなくなること、涙が溢れてしまうこと、辱めを受けたことでみずからの落ち着きの－なさ〔mé-contentement〕が顔に出てしまうことである。

「満ち溢れている〔content〕」という言葉が豊かな意味をもつのは、高揚《エラテイオ》のなかに「落ち着き〔contenir〕」があるためである。

山は、岩間を飛び跳ねて（悦んで）いるシャモア〔ヤギに似た動物で高山に生息する〕を落ち着かせている。大地の底から立ち上がって（悦んで）できた山は、中腹で跳びまわるシャモアに満ち溢れている。

山に生きるシャモアは、水を泳ぐ魚のようなもの。

空は、高みでゆっくりと、音をもたない点のように向きを変える鷲を「落ち着かせて」いる。そして鷲は、かくも落下に身を任せ、空を揺蕩っている。

サンスクリット語のタントラ〔*tantra*〕という言葉が、二五〇〇年前に表そうとしていたのは、このような概念だった。タントラは、満ち溢れるということ。充満とは、すべてからすべてに向かって連続するものが連続していくことを意味する。

幸福な自己という意味での、自己の開かれ。

つまり、満ち溢れているものは、自身のなかで満ち溢れるものに落ち着きを与える。よき母親（母という状態で満ち溢れている女性）は、太陽の下ですくすく育つ子供たちを解き放つ。内部で満ち溢れているものは、大喜びで、踊り‐出し、脱‐出し、外に出る。自己の外に出たあと、子が漂うのは、第二の世界という、動物と空気と太陽が支配する〈外部〉である。そこで与えられる見事な落ち着きは、見つめ合う恋人どうしの眼差しの落ち着きのようだ。これが外‐在《エク－スタシス》である。

恍惚《エクスターズ》とは、自身より大きなものを容れ物《コントウナン》とすることに存するのだ。

ダンサーも、シャモアも、鷲も、勃起した恋人の陰茎も、鹿の玉座に鎮座するシヴァ神も、ラスコーの鴉人間も、縄を渡って飛び跳ねる猿も、蜜を集めて花々を巡る蜂も、みずからを落ち着かせている空間のなかで、岩から岩へ、枝から枝へ、状況から状況へ、段階から段階へ、鬱滞《スターズ》から鬱滞《スターズ》へと、動いてゆく。

夜になると兎は、芝の上へと堰を切ったように飛び跳ねだす。神経を漲らせて、物音ひとつしないなか、誰にも見られていないうちに（月だけが見ているなか、前触れもなく蝙蝠たちが柱から石塀へ、庇《ひさし》へ、壁から壁へと、迷路のように動き回るところに）飛び跳ねだす。

2 ランク『出生外傷説』、一九二四年

ランク〔オーストリアの精神分析家（一八八四―一九三九）〕によれば、飛翔する夢は、母親の羊水のなかの胎児の成長を想起しているのに対し、落下する夢は降誕《ノエル》のことを直接的に思い出している（ノエルは、誕生の瞬間の祝福である）。この飛行と落下という対立は、天と地という系統発生的な対立へと通じている。天／地という対立は、古／新という対立を生み出し、それが落ち着いたもの／落ち着かせられたものという対立に受け継がれ、個体発生をつくりだす（そこでは、小さなものが大きなものに落ち着きを与えられるように、新しいものが古いものの内部に含まれることから逃れられない）。別の表現をするなら、上位／下位という特性の垂直的な二重構造は、高から低へ、善から悪へ、大から小へ、

老から若へ、支配者から被支配者へ、勝利から敗北へ、主人から奴隷へ、着衣から裸体へ、文明から野蛮へとヒエラルキーを生み出すのである。

第二の世界の過酷さの秘密は、上があるということに求められる。起源における男女の刺青された肌にも、彼らが暗がりを求めて辿りついた旧石器時代の洞窟の壁面にも、新石器時代の集落に見られる石像や石壁にも、猪の皮にも、いくつもの階層《ヒエラルキー》が区切られ、どこまでも際限なく階層が構成される。階層は、誰もが同じだけの階級を上りうるかのごとく、一段ずつ、一段階ずつ、下から上へ（下位から上位の階層へ）と作られてゆく。いいかえれば、誰もが同じだけの階級を転落しうるかのごとく。（そこにわたしたちは投げ出される。シャーマン的な霊界の高さから、地上界へと。ジッグラト〔最上部に神殿を置く古代メソポタミア文明の建築物〕から地面へと。）


上。

優位に立つこと。

上に－立つ、立ち上がる、組み上がる、浮かび上がる、そびえ立つこと。

高み、鉛直、高慢になってつけ上がる、孔雀のように思い上がる、音をたてながら羽ばたいて飛び上がること。


下。

劣勢に回ること。引き下がること。（誰かを辱めることは、打ち負かすことでもある。）

地を這うこと、縮こまること、隠れること、引きこもること、死に果てること。

卑屈になること、失墜すること、謙《へりくだ》ること、侮辱されること、土下座すること。

3　ダンスにのしかかる重さの底

低部、下部、英語でいえばアンダー。

アンダーグラウンドとは、下部《アンダー》が世界の地表の下で呼び声をあげることである。何かが《床の下》から、地面を歩く体に呼びかける。グラウンドには、通奏低音という意味がある。パーセル〔バロック時代の英国の作曲家（一六五九―一六九五）〕の曲のなかで最も底にあるリズム。ドストエフスキーの作品における地下室《カーヴ》そのもの。地下の記憶と、子宮への回帰〔regressio ad uterum〕と、脈拍という（底にある欲動という）通奏低音の旋律とが互いに混じり合う。地面の秩序にもとづく何かが、地面に属している何か、地面のなかにある何かが、身体のなかに宿された体に向かって遠くから呼びかける。

ブレイク・ダウン〔低音を強調して演奏する音楽の手法〕では、低音《ダウン》が、その上にある主部に呼びかける。

ステルネール〔sternere〕は、地面に撒き散らすこと。

コン－ステルネール〔con-sternere〕は、打ちのめすこと。

プロ－ステルネール〔pro-sternere〕は、「前で」横になることである。古代ローマ人たちがプロストラティオ〔prostratio〕と呼んでいたもの、それをコンスタンティノープル、後のビザンティンに住んでいたギリシア人たちは、プロスキネーシス〔proskinèsis〕と呼んでいた〔プロスキネーシスとは正教会において、直立の状態から前方へと倒れ込む崇敬の動作。表象不可能な神に対する絶対的崇敬としての「ラトレイア」と大別される〕。やがて、〈西洋〉の修道士たちが祈りの動作《プロスキネーシス》というギリシア語を訳すとき、彼らは自分たちの先祖がかつて使っていた伏拝《プロストラティオ》というラテン語の言葉だけでなく、より地面に近い屈服《ユミリアティオ》という言葉もまた当てがった。屈従する者《ス・プロステルネ》は、身分の高い者を前にして、身を低くかがめる。つまり、みずから進んで小さくなり、高きものをより高きものとするべく自らを低く下げ、地面へと横たわって手足を伸ばすわけだが、それはまるで誕生の瞬間に、痛みを伴って両腿の間から排出した赤子を目の前に置き、ふたりを繋いでいたへその緒を結ぶと、歯で噛みちぎるか、薄い石刃で切るか、あるいはハサミで一断ちにしたあとで、母親にまじまじと見つめられ、一切の動きを奪い取られてしまった赤子のようだ。

屈従させた者が、肉食動物の顎の前に死んだ獲物がいるかのようにして、自分の力が上であることを一目で理解させるようにすることは、ひとつの生存戦略なのだ。

多くの動物たちはそのために、頭を下げる、歯を剥き出しにしない、口を閉じる、引き返す、肛門や外陰部や尻を見せることで、攻撃しないこと、性的に服従すること、序列に従っていることのサインを出す。

人間にとっての恐怖は、石にとっての重力のようなもの。落胆している人間がいると、周囲の人間たちにも重くのしかかる。周囲にとっては、正真正銘の重荷となる。重苦しくなる。

重力（動かない体が地表に向かう自分の容積に従うことで生まれる重さ）という言葉は、沈下＝低気圧〔dépression〕という語から思い浮かぶ急減圧〔dépressurisation brutale〕の非常に強烈で激烈なイメージよりも、はるかに沈下の真実に迫っている。

重力は、普遍的である。

通りの最初の角に座っている男は、

スーパーの扉の横で身をかがめ、

店の木製の庇の下、土ぼこりと皺だらけの雑誌の上に尻をつき、

教会の石積みの入口の薄暗いアーチと、昔に彫られた古い彫刻の真下で、体を曲げたまま座っている。

底が抜ける〔s'effondrer〕という動詞は、人間の経験を規定しつづけている（心的外傷のすべてを支配している）誕生という根源的な経験を見事に描き出している。このアポトーシス〔個体をより良い状態に保つために積極的に引き起こされる細胞死〕は、人間の言語的精神にまで支配力を及ぼす。そうして精神が粉砕されるのは、男性の去勢不安を生み出すよりも前のことである。あの出来事で彼は壊れてしまった、というとき。あらゆる出来事は破壊的であり、恋人関係はいずれ解消される。あのせいで彼は別れた、というとき、ラテン語ではフランゲーレ〔frangere〕という動詞をとる。

生殖器の次元では、射精に続く瞬間から、始源的な孤独の苦しみが仮借なく全身をふたたび襲ってくる。圧迫、絶頂、射精による痙攣が、つぎつぎと波のようにやってくる。だが、それらに続く無感覚と無気力もまた波のように、直前の高潮がもたらす興奮の度合いに応じて引いていく。この孤独と空虚と終息の波のほうが、それらを駆動させる快感よりも、わたしたちの肉体が、肉体の重さが余韻として残る官能よりも始源的なのである。

七回、あるいは八回の乱高下する性的興奮の絶頂が高ければ高いほど、あとに続く心理的不応期〔継続的な刺激に対して反応が遅れること〕の局面は、それ自体が目的であるかのような、ますます空虚な状態と化す。あたかも、死に達することが目的となりうるかのように。

絶頂のなかで精子を放出したあとに続く、誕生の瞬間と同じような、肉体をふたたび責め立てる暴力的な苦しみ。

快感は、精液と一緒に身体の外に放出されると同時に、魂からすべての未来を、すべての活力を、すべての幻想を、すべての方向づけを突然、奪い去ってしまう。

シヴァという黒い灰に体を覆われたダンサーが、勃起をしていながら、肉体的享楽にふけることを拒絶したことを理解するには、快楽が〈生の疲労《タエデウム・ウイタエ》〉〔セネカの用語〕の絶壁であると、この神が考えていたと思わずにはいられない。〈生の疲労〉において、生が生を裏切る。生きることへの欲望は、マストのように高く揚げられた肉体を、それと点対称の深さまで沈没させてしまう。

魂は、快楽を通じて失われる意欲に対し、ひどく嫌悪感を抱いていて、みずからが愚かな肉体的享楽に従うことになった動物的で猥褻な運動に対して背を向け、もはや不要だと判断を下すのである。

現実感が近づいてくる。

陶酔感の後に襲ってくる強烈で唐突な暗黒。（直前の陶酔感に伴う眩暈よりも暗い。）際限がなく、砂漠のごとく、欲望から遠く離れ、脱走兵のような空虚のなかで、精神構造は突然、欲望しえたはずの全対象に対し、みずからの行動を方向づけたかもしれないそのわずかな影に対してさえ、一切の関心を喪失してしまう。

そうして肉体をうちのめす無興奮状態は、厳密にいえば無食欲症《アノレキシア》、つまり欲動の源泉が枯れ果ててしまうことであり、起源の運動が干上がってしまうこと、ギリシア語でいえば、エンテレケイア〔アリストテレスが提唱した概念で、可能態（デュナミス）がその可能性を実現させた現実態（エネルゲイア）状態になっていることを指す〕の終わりなのである。

肉体を味わいつくした者は、もはや立っていられない。快楽に完全に身を任せた者は、もはや起き上がる力をもっていない。迫ってくるのは、無気力、眠気、物憂さ、倦怠感などの居心地の悪い状態である。意識を失い、体躯を縮こまらせ、目の前の隅にうずくまり、ネズミが穴に入るように小さく、石のように固まり、衰弱し、果ててゆく。

前立腺は、メドゥーサに見つめられている。メドゥーサに見つめられながら、見られている者は萎れ果ててゆく。メドゥーサが見ているということは、〈黒母〉が見ている、魔術師メディアが見ている、王女アガウェ〔ギリシア神話におけるカドモスとハルモニアの娘。正気を失って子供を殺害した〕が見ている、そして処女マリアが見ているということを意味する。男は、死を愛してやまない母が見ているところで、見捨てられた状態に陥ることになる。なぜなら、見捨てられた状態を愛すること——そして、見捨てられた状態を愛さなければならないということ——、それは死を愛せるということだからだ。

4　意識喪失

八月十八日土曜日、猛暑日の初日のことだった、わたしは自宅の庭にいて、木陰に置いてあるデッキチェアで眠っていた、気温は三十八度、ふと川音が聞こえ、夢だったかもしれないが、川べりに下りてきた少年の姿が目に入ったので、体を起こして、ヨンヌ川の岸辺へ戻ろうと草叢に踏み入ろうとしたところで、少し眩暈がして、右足に力が入らなくなり、全身が奇妙な仕方で回転しはじめると、右の顳顬《こめかみ》と耳のあたりを陋居《ろうきょ》の玄関の梁にぶつけてしまって、体は延々と回転し続けたまま、ぐらつき、片膝が石に触れると、砂利道で踏ん張って少しばかり体を跳ね返したものの、青痣がひとつ左の腰のあたりに広がって、暑く焦げついた草叢のなかで図らずも少し飛び跳ね、片腕に擦り傷がたくさんできたというのに、上半身は急に言うことをきかなくなってしまい、踏み出そうとした矢先に頭から後ろに倒れ込んで、意識を失ってしまった。三回跳ね返ってから地面に倒れ落ちるまでのゆったりとした奇妙なダンス、まるでワルツのような踊りをわたしは体で記憶しているが、あのときは筋肉が動かなくなればなるほど、ますます意志が働かなくなったにもかかわらず、その強烈な時はなかなか最後の時を迎えず——最後の時に向かっていなかった。目を覚ましたら夕方だった。地面の上で、仰向けになって、太陽を全身に浴びて、うなじのあたりが血まみれで、あたりは完全な静けさに包まれていた。

キリストを十字架から降下させること。意識を失った体を地面に降ろし置くこと。生誕のときに体を地面に運び降ろすこと。死んだときに体が崩れ落ちること。

わたしはどうしても、人間の最初のイメージが崩れ落ちることを考えてしまう。誕生も死も同じ、つまり誕生－死という地点。第二の－世界－固有の－地面との－接触点。そのような肉体と地面との接触点こそ、最後の王国なのだ。

5　跪くこと

ほとばしる炎が高揚《エラテイオ》を求めるように、噴火する火山が外に－出る《エク－スタシス》ことを目指すように、何としてでも垂直性を保とうとする立位の体勢と、地面に横たわり、正気なく、大地の中心部に純粋に引き寄せられ、足や蹄や爪や鼻先や牙に何かをされるがまま、強姦や捕食に捧げられた身体との中間に、人類が発明したのは膝をつくことだった。

跪拝《きはい》を通じて、勃起のような垂直性を部分的に放棄することによって、地面に横たわり、踏みにじられ、捕食されうる死者と、見かけ上は見間違えることはない。

エウセビオス〔ギリシア教父にして歴史家、聖書注釈家（二六三頃―三三九）〕は『教会史』のなかで、祈りを見事に定義している。祈りとは、跪くことである。膝を折ると、肉体が自発的に服従している魂に作用する。跪拝すると、結果としていわば「膝の力が抜けている状態〔prostratio super genua〕」になれる。さらに彼は、次のようなコメントを付け加えている。跪くこと（ふたつの膝を折り曲げるという単純な動作）は、ただそれだけで絶対的であり、いかなるイメージももたず、意味を示す言葉を必要とせず、それに名前をつけなくとも〈神〉を現前化することができる。ただ、両膝で体を支えればよい。

6　芸術活動とは何か

タンツ（tanz）という小さな一音節が、溢れふためく〔décontenançant〕という言葉のなかには隠されている。ふためきながら溢れ出すとき、生殖器となって、内側に彎曲しながら、息を張って、自身の外側へと自身を排出するのは、年長者の方である。

あらゆる活動《ウーヴル》は、〈ふためきながら溢れ出す〉。

起源的な何かが、自己の底で、駆り立て、押し立て、自己の外へと脱出することを欲望する。生まれた場所を離れようと、小港、袋、殻、入り江、水嚢といった生まれた場所を破壊し、ひとりで立ちあがろうとする。

（ヒヨコや、カモの）体のなかにも、大気中での生活を一年ほど経たあとの（ヒトの子供の）立ち姿にも、数年間の幼年期の終わりに、果実が本当に膨れあがるように、亀頭の先からこらえられなくなった精液のなかにも、奇妙なほどに勃起に似たものが存在する。それらの〈道〉は、端的に言って、作品《ウーヴル》に流れている〈時〉そのものだ〔礼や義などを超越した真理を示す老子の概念「道」（タオ）をふまえていると思われる〕。時とは、〈溢れふためいているもの〉である。

時が予測不能な〈到来〉を規定するとき、〈道〉は脱－自《エクスターズ》となる。

飛び上がるべくまた立ち上がるには、ふたたび地歩を固めるべく底に触れなければならない。このような空間上の――地上のものとなった――点において、わたしたちは言語も視力もなき原初の――のちに胚形成を引き起こす卵子の子宮壁への着床点となる――空間の底辺を足場に据えようとする。

この外部点が結合する内部点を「出発点」にして、ダンス以前のダンスがはじまる。

外への－動き《エーモティオ》。運動の外に出ていく運動である。

外への－動き。もうひとつの世界へと出ていく、ふたつの時間の、ふたつの世界のあいだの運動。

芸術再生《ルネサンス》の時期に、再生した人間はそれほど多くはない。ミケランジェロ、モンテーニュ、シェイクスピア、モンテヴェルディ、彼らは一般に言われているよりも驚くほど成り行き任せである。

これらの世界の再－創造に関わる創造者たちが、どれほど人々を唖然とさせ、不正確であったのかが推し測られるまでには、たくさんの時間を要したし、多くのものがつくられ、多くのものが作品化される必要があった。

米山が土方となったのは、六〇年代のはじめのことだった。その時点では誰の目にも止まらなかったダンサーが、終生まで続く金雀枝《ジュネ》となったのである。米山九日生〔土方巽の本名〕が、ジョルジュ・バタイユやジャン・ジュネの書物に出会ったのは、アメリカ占領末期の東京だった。彼は、本名を捨てて偽名を選び取るほどまでに、『女中たち』や『屏風』の著者の精神状態に心酔していた。日本語で土方は、金雀枝《ジュネ》という意味だ。彼にとっては、みずからの立つ荒廃地が、戦後の荒波に鞭を打たれているように先端を揺らす叢林のように思われたのだった。

現在の光景を変貌させる人間は誰しもが、死に匹敵するほどの深淵として先立つ、みずからを成り立たしめた時の嵐のなかにそれを再投入することで、自由気儘な存在となる。その気儘さは、またかんたんに蘇らせることができると信じ込み、どこかに追いやられる光景の意味にもひけをとらない。農夫〔agkhistrophos〕は、まるで転倒する人間のように、急に後ろを振り返る。そして、言わずもがな、自分という存在が、あらゆる存在と同じように、信じられないほど偶発的であることを発見し、ほかのいかなる者と同程度に、前をゆく者たちと大差ない存在であることに気づく。もちろん彼の仕事《ウーヴル》は、ほかの全員の仕事と同様に、不確実なものである。不確実であり、保証を欠いているにもかかわらず、その仕事は――生み出された瞬間に――二倍も不確かになる。そのため、家族、地域、歴史、社会といったわかりやすい規範に進んで溶け込んでいく連中たちと比べれば、三倍も偶然に身を任せていることになる。彼らは、そうした規範が確固として存在し、それに応じて野心を蓄え、仲間に服をあてがい、人生を謳歌しようとしているのだから。

三本足《トリピュディアン》、何かを作り出す者はみな、地面に二本の足を地面についているが、しかし三つの時間に基づいて前進している。


興奮、熱狂、跳躍という抵抗しがたい圧力は、人間を死にまで追いやることがある。

すべてを壊して放り投げてしまう、すべてを自由に投げ出してしまう。

建物の窓を開けてしまう。

崖の上から飛び降りてしまう。

船の甲板から飛び降りてしまう。

圧倒的な飛び降り。猫たちは時折、ベランダのいちばんの高みから、屋根やテラスのいちばんの高みから、そんなふうに飛ぶ。人間も変わらない。ブテスは踊る〔この神話的人物については、キニャールが『ブテス』（二〇〇八年）において詳述している〕。ゼテス〔女面鳥身の怪物ハルピュイアを退治したギリシア神話の英雄〕は飛翔する。

第九章　誕生と恍惚

1　窮屈な扉

わたしたちはこの世界に、不気味な扉を通ってやってきた。

女性器という奇妙な扉、それは自分でもほとんど見えず、二本の脚が分かれるところを指し示し、歩いて進み出すやいなや、ふたたび闇のなかに隠れてしまう、一本の線。人間が立つときに刻まれると同時に消え去ってしまい、ほとんど見えない陰に幽閉されてしまう線である。

この世界に通ずる扉のことを思い出そうとしても、心のなかでは、薄く、小さく、狭く、想像することだに難しい。

それが最初に描かれたのは、初期の火打石や、山々の岩のなかの方解石であり、爾来変わらず一本の線として描かれてきた。

不安を呼び起こす扉。Angusta porta et pauci electi. 窮屈な扉、無傷なものは、ほとんどいない。

母親は、説明しがたい方法でわたしを苦しめようとした。苦しれば苦しめるほど、罰すれば罰するほど、平手打ちをして、尻を叩き、嘲り、怒鳴りつけ、叱責してもなお「無反応」のわが子に、彼女は苛立ちを募らせるばかりだったし、わたしのほうもますます意固地になって、食い下がり、攻撃を受けつづけ、驚きのような、ほとんど瞑想に近い沈黙を貫いた。加えて、これらの態度が彼女の緊張に拍車をかけ、凝縮させることで、いっそう暴力を掻き立てていた。

母子関係の恒常性《ホメオスタシス》を維持するがごとく釘付けにされた、それも完全に釘付けにされたダンスだった。釘付けられた子の不動のダンスは、何よりも強い力に、顔のすぐ上を飛び交う平手打ちの動きにも身を合わせていた。

恒常性――すべての赤子は自分が生まれ出た体の不在、それに付随する鬱、憎しみ、あるいは敵意や恐怖を引き受けなければならない。いかなる観点に立っても、どんな方法で検討してみても、赤子はみずからを包み込んでいたものの大義を守り抜こうとする。虐待を受けている子供は、それが自分自身の命であるかのように、自分の命の大元であるかのように、自分を産んだ人間の肩を持つのだ。これは動物と同じである。しかし、人間の子供はそれをはるかに凌駕する。人間の赤子は、世界のなかに唐突に、しかも単体で生み落とされ、《母の欠如》となるからである。

受精卵がまず、女の《不在の血》を指し示す。

次いで胚が、《女》の内部で《母》に変わるもののうち、空洞となるところを指し示す。誕生後、両者がいったん引き剥がされるやいなや、包み込まれていた胎児と、それを包み込んでいた胎盤は、その時点から、心の穴から心の穴へと連絡をとりあうための二つの容器となる。おそらく、この異様な同期的回路は、後々に、読者と書物のあいだで、読書という行為が行われることによって回復される。

同じように、芸術作品に見惚れて眺めている人間は、視線の先にある芸術作品とのあいだで、時間を超えた接触を行っている。

さらに一般化していえば、人間が喋ることを可能にするものは、みずからに欠落しているものとして語りかけてくる。

話される言葉への到達を可能にするものは、ひとつの深淵として、人間に語りかけてくるのである。その出発点である生誕という、外への‐動きという、出現の瞬間に、人間世界に投げ込まれるやいなや、自分のことを名前で呼び、何かを教えて育てあげようとする、もうひとりの人間と向かいあわなければならない。

すべての事物は、人間に向かって情‐動的に語りかけてくる――みずからの外部にあるものを足場とし、〈外部〉へと向かっていく。

情‐動（外への運動）とは、このサイフォン的な運動のことを指す。これにより、空洞の部分が空洞としての機能をもち、液体が堰を切ったように空洞から空洞に流れ込む。

穴から穴へ。
流れから流れへ。
波から波へ。
子から母へ。
古来の日本人の表現でいえば、津々浦々へ、間《マ》から間《マ》へ。

子供たち〔en-fant〕、話せない者たち〔a-parlant〕は、話すことができるようになるよりも前から、本人さえ同意すれば、話ができる。小さな子は息で音を立て、吐きたての息に息を吹きかける。リズムよく小さな音を立て、聞こえてくる言葉を再現する。実母でなくともいい、母に代わって自分を養い、保護してくれる、血縁のない母であってもかまわない。言葉が意味の伝達を担うようになるまで、子供にとって大事なのはしばらく、言葉が浸っている抑揚なのである。

意味作用に先立って意味が存在する。それは母親がたとえ感情を外に表さず、とげとげしい性格であったとしても、その幻惑的な表情のなかに読み取ることができ、それゆえ情動的に（最も敵意に満ちた方法でも、それを望んでいない者に対しても）自然言語を伝達することがある。

メルメロスは、話せる年齢になって久しかった。すでに少年で、メディアの子供たちのなかで最年長で、家庭教師のトラゴスに気に入られていた生徒であったが（その顔や肉体は、古代のフレスコ画のなかで非常に美しく描かれている)、かれは母親のもとで死んでいく前、子供の前で妻であるメディアが夫に復讐を遂げるまさにその時(つまり、母親がわが子の喉を掻き切ろうとするまさにその瞬間)、このように告げる。

「お母さん、あなたが危なげに顔に近づけてくる刃先を前に、自分がいるこの瞬間にも、ぼくはまだ探しているんです、生まれたときからずっとあなたが激昂して言いつづけてきたことには収まらないものを」

2 畏怖と恍惚

自閉症者たちの表情の美しさは、猫や鹿や馬たちのそれのように、本物の顔つきをしていて、美の標準を定めている。それが美の模範となるのは、畏怖〔effroi〕がいかなる恐怖も掻き立てないからだ〔この概念については、キニャールが『性と畏怖』(一九九四年)のなかで詳述している〕。畏-怖させる〔ef-frayer〕という動詞は、〔俗ラテン語の〕エクス-フリダーレ〔ex-fridare〕につながる。エクス-フリダーレは、それまでの平和〔frieda〕の、平穏の外に追い出すということだ。これは、死者を蘇らせることである。夜明けの庭で、ニコデモの墓から「庭師」を外に出すこと。畏-怖させるものの原義は、厳密に言えば、それまでの状態の外部に追い出すということである。畏怖は、誕生に関係している。誕生の感情なのである。したがって、畏怖は不安とは大きく異なる——不安は、畏怖が明るみに出すものから逃げようとする。畏怖は、生誕時の動揺の顔つきであり、いまだ表情とならざる顔の内部に見出される。動揺

〔effarement〕は、厳密に言うなら、馬たちのダンスに関する用語だ。馬が脚を前方に投げ出して起き上がる、緊張と当惑の嘶きをともなう力強い動きのことを指す。畏怖と比較すれば、不安は二次的な反応にすぎない。体全体を垂直に押し広げる動揺とは逆に、内側に閉じこもり、後方に引き下がり、逃げ出そうとする動きである。畏怖は高と低の衝突、そしてそこから放たれる閃光だ。そこで不安は場所を明け渡し、背を向けて、地を這いながら逃亡する。こうして畏怖は根源的なものとして、原動力として、動きまわり、表に出て、撹乱する。畏怖こそが、第一の知覚なのだ。その運動は、最初の世界からの脱出に属している。あの溶け合うような運動、煌きを放ちながらふたつの肉体が交じり合う輝かしい運動が、畏怖なのだ。

人間においては、純粋状態の溶け合うような運動が、トランスを生み出す。トランスは、人間固有の動揺である。身体が仰け反り、ねじられ、卒倒する。註（一）トランスに固有の眩暈をともなう回転は、そのダンスの背後に位置している。註（二）あらゆるダンスは、螺旋であり、トランスであり、恍惚である。註（三）畏怖をもたらさないような真のダンスは存在しない。

命題（一）。ダンスは、〈先立つ‐身体から‐抜け出した‐身体〉が、外に‐在ること〔ek-stasie〕である。外に‐在ることは、心の穴から心の穴を通じて（これによって死者たちの名が、生まれくる者たちの命名へと受け継がれ、話せる者たちに支配されていた赤子が、人々の話す言語を獲得することが可能となる）、恒常的であるものよりも源流に位置している。ダンスは、大気的なものとなり、いつ何時も、胎児の三拍子と産前の回転を追い求める——狭くて、不気味な、死と通じるあの出口を巻き込みながら、大気と大地のほうへ向かっていくのだ。生誕のダンスこそが、トランスにおける激しい回転の源流にあり、その果てに、精神は意識を失って肉体は後方へと力なく倒れるのである。（そこに属しているのは、左右への運動、前後への運動のように、揺りかごのように揺れる母子が安心感を得ようとする動き、羊水に浸かっているときの動き、最初の世界の「充足状態」に包み込まれている状態である。）

ダンスの源流に位置している外への－動きと、跳躍と、弾性と、移動と、眩暈と、誕生の全体を再検討すべくページを重ねているうちに、わたしは少しずつ、畏怖と、ダンスと、トランスと、螺旋と、葡萄の蔓と、仰天と、恍惚のあいだのごくわずかな違いさえも示すことができなくなりつつある。ただ泳ぐことだけが、そこから離れていく。光だけが迫ってくる。

ギリシア語の恍惚《エクースタシス》＝脱自は、先ほどの中世ラテン語の畏《エクスーフリーダ》－怖と対応する。

このふたつの言葉は、エクス－モウェーレ〔ex-movere〕——絶対的な情－動の揺さぶり——という運動のなかで身を寄せ合っている。

命題（二）。いまから示す仮説はこのようなものだ。わずかな驚愕さえなく畏怖させられるとは、わずかな逃走の欲望も持たぬまま、明るみの外に出ていくことに等しいのではないか。ダンスのなかには、逃走を欲望しない運動性のようなものが存在するのではないか。外に出ていくものが。絶対的な仕方で、外部へと向かうものが。

ダンスとは、「立ち去らずに外に出る」ことである。

この運動こそが、ニコデモの庭の墓を塞いでいた石を倒した——というよりもむしろ、生茂る草のうえへと静かにひっくり返したのだ。こうして死者は、庭のなかで安らかに歩き出す。

Ne times!（畏るることなかれ！）と、倒れた墓石の周りをうろつく死者は叫んだ。かれは、穴のなかから抜け出すところを見ていた生者に向かって歩み進んでいく。この歩み寄ってくる死者は、実をいうと、神である。これもまた、幻視特有の時間の持続はとても短いという古《いにしえ》の証なのだろう。

命題（三）。したがって、ダンスの公演は長くはならない。

ある日、聖テレサ〔スペインの神秘家（一五一五—一五八二）〕が十字架の聖ヨハネ〔スペインの司祭（一五四二—一五九一）〕にこのように綴った。

「聖パウロがダマスカスの街に向かう道で転倒したとき、大気中には嵐が迫っていました。おそらく使徒は、稲妻の光に目が眩んだかのごとく、路傍で、馬の蹄に挟まれて仰向けに倒れているという状況だったのです。しかし、そのとき目で見えなくなっていたのは、自身の内側でした。少なくとも、かれの目の内側に、神秘による瘢痕がつくられ、濡れている眼球の表面に滑り落ちてきて、目で見える世界を体で知覚することができなくなってしまったのです。つまり、内的世界の何ものかが、使徒の視覚から視力を奪ってしまったために、燦々と日の照るなかで、突如として夜のなかにいるように感じられてしまったのです」

とはいえ、ここで聖テレサが使っている「視覚」という言葉は、適切ではない。なぜならそれは間違いなく、目で見ることのできない「夜」だからだ。十字架の聖ヨハネの目に、〈暗夜〉

の主の外に立つ《エクスタティック》友人の目に、そのような神秘の闇のなかで生まれるものは、恍－惚《エク－スターズ》、畏－怖《エクス－フリエダ》という一種の断線により深まってゆく。聖パウロは、落馬した。使徒と馬が、聖人と動物が、開眼と失明が、昼と夜が織りなす、奇妙なダンスである。ひとりのローマ市民が乗っていた馬から落ち、気付いたときは背中から落ちていて、祭服が捲れ上がり、両脚は空を向き、両手も空中にあり、砂まみれになっていたが、幸運なことに、それはよく通っていた道だった。したがって、恍惚的解脱《エクスターズ》とは視覚に関わるものではなく、ダンスそのものなのだ。このダンスは一種の暗黒のダンスである。というのも、光を通さない目隠しが滑り落ちてきた使徒の両目からは、夜だけしか見えなくなってしまったからだ。これはまさしく、ラスコーの洞穴で、史上初めて人間の姿が象られた時、暗闇のなかで、巌洞のなかで、つまり最も隠れた、最も暗い場所で描かれたダンスと同じものである。落ちながら現れるということ。落ちながら現れるとは何か。それは生まれることだ。生まれるとは何か。それは夜の外に現れることである。念を押していえば、恍惚とは何よりもまず、自己が他者のなかに転居することである。畏怖は、既知のものから未知のものへと急に移動することである。誕生によって、肉体はひとつの（液体的な）要素から、べつの（気体的な）要素へと移し替えられる。かくして、恍惚において、わたしたちは、生まれるために他者の身体から抜け出すまで、長らくそうだったみたいに、べつの身体のなかに戻ったことに気づく。

3　ダンスと諧謔

命題（四）。ダンスは、第二の世界に属するものではない。最初の世界から躍り出ることで、ダンスは一方の世界の外に出るものとなる。ダンスは、人間世界の芸術ではない。（音楽が人間世界の芸術ではないのと同じである。鳥たちは、美しくも複雑な素晴らしい曲を歌う。獣たちは、構成的で力強い絶対的な求愛のダンスを踊る。）ダンスは闇から生まれ、光へと突然注ぎ込まれる。ダンスは、光を試すものである。光のなかにあるのではない。光のすぐそばにあるのだ。だからこそ光は、ダンスの公演において非常に重要なのである。ダンスは、言語に属するものではない。判断力に属するものではない。顔をもたない。固定された外観をもたない。母胎内にある体がひとつ、光に向かって闇を抜け出してくる。母胎内にある体は、一匹の蝙蝠である――つまりそれは根本的に哺乳類であって、鳥類ではない。だからこそ、オオコウモリは洞穴や洞窟をわがものにし、数えきれぬほど、壁からぶらさがっている。まるで、創世初期の人間たちのように。コウモリたちは――古代ローマ人たちと同じように――素晴らしい果実が闇の奥から、透けた翅をはばたかせてくる昆虫が闇の奥から、蜜が、わずかに端が見えている花冠〔萼の内側でおしべ、めしべを保護する器官〕の自分たちの夢を楽しませる花の奥底に、突如として姿をあらわすのを見つめている。

註（四）。ダンスは、第二の世界に属するものではない。聖テレサは、トランス状態となった当初、善き行いをしたいとばかり感じていて、そこにみずからの罪があると感じたと綴っている。

聖テレサの罪は、このように見られているかもしれないと、人の目を思い浮かべていたことにあった。

というのも、他人の目を思い浮かべること、善き行いをしたいと思うことは、人々のことを思ってしまうこと、人の意見を聞いて判断してしまうこと、俗世のことを考えてしまうこと、神のことを忘れてしまうことであるからだ。

あるとき聖テレサは、首に端綱を通されて、シスターのひとりに引っ張られ、四つん這いで歩きながら、修道院の食堂までたどりついたことがあった。他の修道女たちも嘲り笑っていたところ、突如として、彼女は冷やかされていたにもかかわらず、神が到来するのが見え、修道院の食堂の敷石の上を四本の手足で歩いていたにもかかわらず、神は素焼きのタイルの上を近づいてきて、すぐ近くにとどまっているのが見えた。彼女が体面を失うほど、テレサのなかでかつてのテレサが辱められるほど、冷たいタイル張りの上で両膝の骨が痛みを感じるようになり、取るに足らない茨の冠をかぶった――その冠はそれ自体として滑稽だったが、看守によって、取るに足らないことの証として、ぴったりとわざとらしく頭に置かれたものだった――血まみれのイエスが、ますます近くにいるように感じられるようになると、彼女はますます幸福に満ちた気分になったという。

ダンスは、生誕時の不器用さに訴える。子供たちのあらゆる仕草に訴える。ダンスは、言葉を話せない。歌を歌えない。足を上げることもできない。足を着くこともできない。両手を合わせることも、離すことも、叩くことも、音を立てることもできない。ダンスは、みずからに先立つもうひとつの身体に――もう存在しないもうひとつの身体に――一生にわたって棲まう、もの言わぬ身体に訴える。言語以前の身体（起源にある身体、卵のなかの身体、胚のなかの身体、胎児の身体、生誕時のときの身体、赤ん坊の身体）に訴える。わたし以前の身体に。主体となる以前の身体に。顔以前の身体に。鏡以前の身体に。肌以前の身体に。光以前の身体に。

4　原初のダンス

胎生からの脱出が、ダンスの核心にある。
水と闇からなる世界から抜け出すことが。
母から抜け出すことが。
大地へと抜け出すことが。
地上の世界から抜け出すことが。

ダンスの公演は、二つの世界という原理の上に成り立つ。この原理について最初に言葉で語ったのは、カルロッタ・グリジ〔イタリアのバレエダンサー（一八一九―一八九九）〕だ。それが、ロマン主義からの分水嶺となる。一八四〇年六月、ブローニュでルイ＝ナポレオンが蜂起したあと、『リュイ・ブラース』が大人気を博したばかりのころ。それは夜のことだった、それも穏やかな夜のことで、カルロッタはそのとき、テオフィル・ゴーティエ〔詩人・小説家・劇作家（一八一一―一八七二）〕と会話をしていた。彼女は、ネルヴァルが翻訳を手掛けたばかりのハイネ〔ドイツの詩人（一七九七―一八五六）〕の詩を読み、バレエの台本をつくる着想を抱いていた。ひとりの若い農婦が、森の奥にある墓から出てきて、生茂る木々の陰を彷徨いながら、自分の周囲にいた全存在を死のなかへと、死者の舞踊へと誘い込む。自然に属する者たちも、宮廷、都市、文化に属する者たちも――森の動物たちの主人も国王も、かつて、少女がまだ生きていたころ、言葉で騙し込んで結婚前にその肉体に手を伸ばす。

このような二つの世界の対立を軸としつつも、この作品の台本は、さらにもう一対の世界を明確に対置することで、二重化されている。

ひとつは地上的な世界、人々が生活し、足で歩き、本物の愛がないのに、転んではまた転び、次から次へと失望してしまう場所。いまひとつは天上的な世界、自分の体を軸に廻りつづけ、身を高く持ち上げ、爪先立ちで前進し、立ったまま夢見て、高く飛び去る場所である。

その結果生まれたバレエは、『ジゼル』と命名され、完全に夜の世界に属しながら、まさしくディオニュソスが見下ろすなかで繰り広げられる大狂騒となった。

カルロッタによって掬い取られたハイネの隠された主題――彼女を深く感動させ、生涯の中心に位置付けられる着想となった――とは、次のようなものだった。結婚を約束された女たちが、婚前に不慮の死を遂げたために、地上では満たされることのなかった性的欲望を抱えつつ、遺体の埋葬された墓のなかで目を覚ましている。蝙蝠が飛び交う黄昏時になると、彼女たちが地上へと出てきて、木々の間を、森のなかを、苔の上を、茸や沼や葦のあわいを踊り抜けてゆく。午前零時、一カ所に寄り集まって、地獄の輪をかたちづくり、通りすがりの若い男を抱き止めては、渦のなかに引きずり込み、目まぐるしい回転のなかで体力を奪い去り、ついには衰弱死させてしまう。踊ることで単に世界に背を向けただけでなく、旋回を通じて死の性的欲動を昇華させたのである。(歩くことを忘れさせ、ことばを消し去ったのだ。ひとりひとりが地面に崩れ落ちることは蛹であり、べつの形態が出現しては、べつの状態が立ち上がったのである。)

5　自然

植物たちは、太古より不動性を宿命づけられ、つねに死の脅威に晒されていたため、さまざまな生存戦略を編み出してきた。剥き出しの地表部分で耐え忍ぶべき最も過酷な条件下で——人間の生における自閉症に固有な生誕の苦しみのごとく——、最も困難な条件に植わっている植物たちは、滅びることがないよう、想像しうるかぎり全方位に向かって広がろうと工夫を凝らし、周囲の環境に求めうるすべての可能性を探し尽くした。地面の上で行われたそれら原初の交渉は、さまざまなダンスの萌芽である。灼熱であれ極寒であれ、敵意に包囲された空間で、植物たちは無駄ひとつない形態をつくりあげた。小さく折り畳まれたかたちである。そのあとで植物が求め縋ったのは、遅さである。力の源である貯蔵物質は、地面の下で、最も遠く、深いところにあり、目に見えず、汲み尽くせず、蒸発して消えてなくなることもなかったため、生命の肥しになりうるものなら何であれ、それがどんなかたちであっても、冥界のような世界のなかで吸い寄せたのだった。この地下の世界から光のある世界への上昇は遅い、それも極端に遅い。

これが地の表にある自然である。

かつて太陽の光を集めて養分としていたように、植物たちはいまや、みずからの喜びを求めて夜を利用し、草木の陰の最も深いところで夜露を滲ませるようになった。そのときの植物の性器は匂いそのもの。

これが花である。

以上がおそらく、自然のなかに見られる、ダンスの最初の三つの段階である。折り畳み。遅さ。暗さ。

6　脱出を方向づける動き

最初に空間が分割され、それによって、空間内で分割される場所が最初に増殖し、最初に痛みを感じ、弓なりの背骨が子宮壁から最初に剥がれる、外への－動《エーモーション》き。胎児は、膣管に入った瞬間からすでに胎児ではなくなる。動く方向は確かに決まっているが、そこには神秘的な運動性が介入する。というのもその運動性は、部分的には、胎児に固有のものであるからだ（nascentia sponte sua motu proprio〔＝子供はみずから動いて自発的に生まれてくる〕）。

最初の苦しみは、締め付けられることである。それは、不安《アンゴワス》に先立ちながらも、同様の感覚をもたらす（窒息性疼痛《アンゴール》、圧迫《アングスト》、口狭炎《アンジーヌ》、窮屈な扉《アングスタ・ポルタ》）。

そして、みずからを繋ぎとめていた存在から切り離された肉体は、圧出に、重力に、落下に従わなければならず、初めて人の体として生まれ出ようとする内発的な衝動に、もうひとつの運動性が——母なる自然による純然たる追放という運動《モトウス》が——加わる。

出現、眩暈、窒息。生まれたばかりの赤子が呼吸をすることで初めて使った喉は、心ならずも、何もわからず、空気のなかで焼けつくように感じられる。正体不明の、ある意味では無限の空気が、凱旋のように勢いよく、圧倒的な力で、呆気にとるように、身体に入り込んでくる。肺機能の始動は無意志的であり、同時に発声、というよりも喉ならしのようなものが前触れもなく生じる。声が発せられるとき、呼び求めること（この呼びかけは、自分が呼んでいる者を知らない）と、空気を求めることのあいだに垣根はない。人間どうしが交わし合う特有の鳴き声の起源を揺籃期に求めるなら、後々になって獲得されるどこかの国の言語ではなく、この意志を介さない呻き声にこそある。息が詰まり、肺も苦しい、情-動的な、何かに向かって呼びかける、押し出すような、究極的な呻き。いかなる言語学習にも先立つ人間特有の鳴き声は、このような奇妙な呼びかけである。それを大気中で本能的に再発見し、再駆動するのは、性器から精液がほとばしる瞬間の高揚感を除いてほかはない。自己の外にある空間に放たれる叫び。息を吸うことでただちに引き起こされる不随意的な換気の（呼びかけるものの内側の世界での）開始と、（外側の世界からやってくる）痛みの表現がないまぜになった生誕の苦しみを緩和するものとしての声の発明。

これが息《プシュケー》＝魂である。

7　投げ落とされた身体

息《プシュケー》＝魂の出現によって、生誕時の人間は、ぐったりと死んでいるかのように見える。周囲の者たちは、家畜小屋にあるロバの飼い桶を探しに行き、その体を干し草の中に横たえる。誕生の瞬間の過度な弓なり緊張と、最初の無呼吸状態によって空気を求めもがいたことによってもたらされた極度の疲労。肉体の憔悴。筋肉の不調。感覚の混乱。心理的な不安定。睡眠の減退。この溢れふためきは、一種の底抜けである。このような落ち着きの喪失が、性行為のあとの心理的不応期とあまりに近似していることを思うと、もしかすると、これこそがその真の動機なのかもしれない。（興奮の完全な喪失は、抑鬱状態にもやはり観察される。）

三つの段階が、人間の生きる世界では、互いに奇妙な結びつきを形成している。すなわち、生誕時のふためき、性行為のあとの心理的不応期、ほとんど子宮内のような落ち着き直しのなかで死の安寧を求めてしまう抑鬱状態である。

三つの大波は、ますます高さを失いながら、ついにたったひとつの潮となり、それさえも後退していってしまう（潮がますます低くなっていけばいくほど、大きな現実が剥き出しになる）。

8　両手をあげて捨て身を示すこと

射精時の弓なり緊張に、分娩時の瀕死の圧力に、寄る辺なき者の揺らぎと回転に、トランスにおける反転に、最期の息の恐ろしい拘縮《こうしゅく》に、偉大な者の前で小さな者がさらにみずからを小さく見せるため、どうしようもなく跪いてしまうことに、神の前でひれ伏してしまうことに、眠気で倒れ込んでしまうことに、わたしはもうひとつの身ぶりを加えたいと思う。それは、古代ギリシア人が愛し、ローマ人が追従し、そしてキリスト教とともに失われてしまった身ぶりである。

ギリシア人女性が婦人部屋のなかで、自分を求めてくる恋人の男の前で、両腕を頭のうしろで折り曲げるという身ぶり。

ギリシアの戦士が、戦いの最中に地面に倒れ伏したとき、致命的な一撃を相手に許そうと、右腕（剣をもつ側の腕）を頭の後ろに折り曲げるという身ぶり。

これは、相手が自分に死をもたらす状況下でも、自分の命を晒す身ぶりである。

つまり、捨て身のジェスチャーだ。

キリスト教的社会がローマ帝国内に拡大したとき、自身の死を引き受けたり、相手の性欲に身を擲ったりすることの証であった後頭部から後ろに投げ出された二本の腕は、十字架に括られた神の二本の腕が両側に引っ張られたことで全滅してしまったのではないかというのが、わたしの見立てである。

後頭部で腕を曲げるこの動作、ギリシア・ローマ時代における典型的な捨て身の動作が、手放すことの核心にある。

ダンスの核心となる手放すという動きは、狩人や兵士が死に瀕しているときの、古代における放棄の身ぶりをそのまま受け継ぎ――先史時代の壁画に描かれたシャーマンのトランス状態を締めくくる卒倒を引き継いでいるのである。

古代ギリシア語でいえば、カタ－ストロフェー〔kata-sttrophè〕。

生誕における破滅的転倒《カタストロフェ》、射精における弓なり緊張、身罷《みまか》るときの呼気による湾曲は、お互いに似通っている。

記号的表現のなかでも最も歴史のある、両腕を同時に後方に突き出すという行為は、身体をのけぞらせ、性器をいきりたたせ、そして死をもたらす。

頭部と胴体を激しく後傾させる弓なり緊張は、恍惚《トランス》、痺れ《テタニー》、解離性障害《ヒステリー》の三つの経験世界に区分される。これらは、旧石器時代のシャーマンにおける三つの経験世界である。（それが最初に形象化されたのは、ショーヴェの洞窟〔一九九四年に発見されたフランス南部付近の洞窟で世界最古級の壁画が残っている〕に描かれたバイソン－女だ。なぜバイソンかといえば、この動物は雌であれ雄であれ、発作による逆行性収縮のために、恍惚状態のシャーマンに見えるからである。）

ジョルジョーネ〔ルネサンス期の画家（一四七七頃—一五一〇）〕が一五〇七年にシベリアと日本のシャーマンに太古的な放棄の身ぶりを見事に見出したとき、かれが描こうとしたのは、眠れる女神《ヴィーナス》だった。

アングルの《トルコ風呂》〔一八六二年〕の準備のための習作のひとつは、裸の女に性的な施しとして三本目の腕を描き加えている点で、注目に値する——三本目の足としての男性器という主題に呼応するものだが、このような主題は英雄の両股のあいだで前触れもなく、迷惑なことに出現したものである。

これはなかでも、死と同じように性行為に同意を示す——被虐趣味《マゾシスム》よりも以前からある——被虐性欲的《マゾシック》な身ぶりである。この身ぶりは、死の性的欲動の輝かしい現れだ。ミケランジェロの半獣神が、頭をもたげながら、首の後ろに回している両手。図像が爆発的に制作販売されたルネサンスという時代に大多数の画家が描いた聖セバスチャン。カラヴァッジョが描いた、架台に縛りつけられた両腕を解かれるのを拒否する奇異な聖アンドレ。

これらはみな、眠っているエンデュミオン〔月の女神に愛されて永遠の眠りを与えられた羊飼い〕であり、そこでは捨て身が、眠気と渾然一体となっている。

プッサン〔画家（一五九四—一六六五）〕の描く聖エラスムスでは、捨て身が心の動揺とあまりに密に混同されすぎて、快楽を生み出している。

古代における放棄の身ぶりは、中世における〈ダンス〉の〈寓意《アレゴリー》〉の表現のなかで、ひとつの名残りとして、生き存えてきたのだった。

第十章　ベルクハイム教会

教会は凍てついていた。人影はまるでなかった。わたしは、革張りの両開きの扉を押し返したあと、大扉の右側を通って、木椅子の周りをめぐり歩いた。そして、階段にぶら下がっている半透明の裸電球をつけた。幅の狭い螺旋階段の上を昇ると、十九世紀に木目調へと塗り直された、霧に満ちたパイプオルガンがある。手垢で黒光りする冷たい手すりを伝っていく。わたしは、綿の詰まった革張りのベンチに座った。すると、うしろにうずくまるように、天鵞絨《ビロード》のジャケットを着た大きな亡霊が現れた。顔じゅうが真っ赤で、白い頬髭のある男だった。この男は、ゆったりと歩き出し、風を送るための巨大な鞴《ふいご》を踏みならしはじめた。男はますます赤らんでいきながら、パイプのなかに空気をとめどなく送りつづけ、それだけで楽曲を唸らせたのだった。というのも、わたしは教会に電気の通っていなかった時代を知っていたからだ。記憶では、演奏者たちが、ストップ〔音色を選択するた

めの塞閉器〕の上につけられたバックミラーで下の階で歌っている神父や少年たちの動きを確認している
その横で、この手の吹き師たちがとめどなく、それもできるだけ規則的に、言うなれば人間メトロノームのごとく働きつづけ、曲のリズムを決定づけていたのである。ある者たちは、神父や子供たちが赤や白のチュニックを持ち上げて動き回るのを見ながら、ペダルや足鍵盤に合わせて踊り出し、またある者たちは、オルガン奏者を見ながら鞴のリズムに合わせて踊り出すと、空気がじっくりと動き出し、高々とカーブした身廊の壁に跳ね返り、吹き付けたり元に戻ったりしながら、教会全体がゆったりと歌いだすのだった。

第十一章　破滅点

1　無言症

片隅で苦しみ、恐怖で縮こまり、穴が空くほど腹を空かせ、空腹という虚ろのなかに潜伏できるくらいまで腹を空かせ、手のひらで自分の体を守りながら微かな音を立て、日中はますます夢想にふけるようになって、静謐の奥底からますますどうしようもなく抜け出せなくなっていく子供たちを破壊するのは、みずからの防衛機構である。

人は自分を守ろうとして逆に死ぬことがある。

生き延びようとするとき、空腹という穴を穿つ虚ろさから一歩外に出ようとするとき、消えることのない恐怖に一定の距離を取ることにしたとき、自分の感じている苦しみを認めることを拒絶すれば、他人に説明することができなくなる。これが、無言症《ミュティスム》と呼ばれるものだ。

もし社会から完全には外れておらず、逃れようとしている集団の言葉から完全には身を引いていなければ、自身の夢のなかで開拓された自由奔放な内面世界が、ただちに周囲との社会生活と、つまり強制的で、集団的で、法的で、文化的で、競争的で、戦闘的な命令と縁を切ることをうながす。これが、無規範《アノミー》と呼ばれるものだ。

他者という不安が家庭生活に対する憎悪に加わると、空想に逃げ込み、不登校となり、自暴自棄になり、神経性無食欲症となり、執拗な孤独感に苛まれ、限りなく傷つきやすくなることで、不安は増殖しはじめ、増大してゆく。これは、狂気そのものではないにせよ、狂気の行進曲《マーチ》と呼ばれるものだ。

謎に満ちた鬱という病は、それと認めないままに、自分のことをすべての攻撃から、すべての感染症から、すべての細菌から、すべてのウイルスから、すべてのリスクから、すべての破壊的行為から、すべての種類の攻撃から守ってくれるのだが、何よりもまず、日によってもまた毎回矛盾するかたちで、最も近くにいる人や愛してくれる人に対する拒絶感を引き起こす。

引きこもり、社会からの疎外、執拗な白昼夢、錯乱、親からの敵意、家族に対する憎しみ、沈黙が少しずつ融合しては絡まり合っていく。

そしてある日、自分が死に身を委ねているのか、周囲の状況に身を委ねているのか、空腹に身を委ねているのか、悩みに身を委ねているのか、読書に身を委ねているのか、快楽に身を委ねているのか、幸せに身を委ねているのか、もはや区別がつかなくなってしまう。

個人的な思い出を語ろう。

あの時は一刻も早く、全速力で頭を回転させて、頭に血がのぼったまま眠りにつかなければならなかった。

あの眩暈が、動物のダンスの中心にある。

遠退いてゆく意識が、興奮状態を準備して、底が見えない穴を刳《えぐ》る。

ラ・ビロシェール〔ロワール川河口付近〕の浜辺にあるアスレチックで、わたしは白っぽい木でできた縄はしごにしがみついていた。ゆらゆらと揺れる、危なっかしい、水平の木の梁まで、二本の手でようやく辿り着いたとき、両手でそれを強く掴み、先へ進もうと思っていたところで、背中から砂に落ちてしまった。

フォンテーヌブロー〔パリ郊外〕での訓練ではいつも、兵役がはじまって数カ月は毎日のように、登るたびに転落をした。伍長にこう言ったことがある。

「危ない、落ちそうです」

「それならば落ちろ」

そしてわたしは転落した。

まさにこんな感じでダンスのシステムを考案したのは、一九五七年のことである。当時わたしは、ル・アーヴルの男子校の中学一年生だった。校庭での議論が蘇ってくる。木の位置や、足元の金属格子や、バラック小屋や、鉄ハンドル付の小さな噴水がどこにあったかまで覚えているが、あのときの議論もその近くで行われていた。話し相手は、ドミニク・モピリエ、アリス・フレモン、ジャン＝ピエール・ブラヴァール。勝負事を最上においていたわたしが最下に置いていたのは、体操や体育だった。下品さを感じていたのは、（モルパやショーズでの）村祭りで、厚い木板の上に乗せられた踊りのための床だった。そこでは農家の人たち（ショーズ、ニッシュ、アム、フュルフーズ、ウィネンヌの人たちは全員が母方の祖父の親戚だった）が大きな音を立てながら、驚くほどいやらしい姿で、腰を深くくねらせる鈍重なワルツを踊っていたのである。モルパ村〔イル＝ド＝フランス地域イヴリーヌ県の村〕の祭には、エリッヒ・フォン・シュトロハイム〔無声映画時代に活躍した著名な映画監督・俳優（一八八五―一九五七）〕の姿もあった。シュトロハイムとわたしの祖父（方言学者であり、言語学者であり、言語史家であり、文法学者であった）は、ふたりとも地元の誇りであった。村議会には、ふたりともが所属していたのである（この村は当時、イヴィリーヌの野原や大きな森に囲まれた小さな村で、有権者は三〇人ほどであった）。一九五七年、パリ市内の消防署の中庭で行われる革命記念日の人気のダンスパーティーなど、嘆かわしいものだとわたしは思っていた〔パリの消防署では毎年七月十三日から十四日にかけて市民が参加可能なダンスパーティが開催される〕。砂嵐の白い点ばかりの、当時まだ珍しかったテレビのなかに映り込んでいた彼らの尻は、少しずつ復興していた街の歩道にオーギュスト・ペレ〔鉄筋コンクリートを多用したベルギーの建築家（一八七四―一九五四）。第二次大戦によって破壊されたル・アーヴルの街を再建した〕が作った真新しくてやわらかい舗装の上を走るローラースケートと同じくらい軽蔑していた。わたしがそのときに讃えはじめていたもの、少しずつではあったが、それはフラメンコと（そこには居心地の悪さが同居していた、というのもカスタネットの恐ろしい音が、十一時のミサで信徒に「跪く」ことを厳粛に命じる拍子木の音を思い出させたからで、当時のミサは選ばれし三人の司祭によって行われていた豪華なスペクタクルであり、古代の言語、音楽、衣装、お香、お祈り、奉挙〔パンと葡萄酒を会衆に向かって掲げる所作〕、行列、そして舞踊など、あらゆるものが動員されていたのである）、タンゴであった（こちらにはアコーディオンやバンドネオンの存在が生み出す気恥ずかしさがあった）。

わたしがラテン語で書いたものを撒き散らしていると考えるのが筋違いなのは、もしそうならば、古代世界の価値観を取り入れたり、もしくはラテン世界の古代の住人たちの明晰さ、暴力、卑猥さ、残酷さを賞賛していることになってしまうからだ。これは、わたしのなかで湧き上がってくるキリスト教のミサがかつて有していた感動なのである。無神論を超えて発見された継承の方法。あるいはまた、復活させるための方法。ミサ曲は、みずからを呑み込みながら海を渡ってくる波のように打ち寄せてきて、また別の土地で、別の名前を伴って、あらたなものとして湧き出てくる。そのとき、しかしそのときだけ、わたしの言葉となるのだ。

わたしが最高だと考えていたのは、闘牛《コリーダ》であった（夏の長期休暇でスペインに行ったときに初めて知って驚愕した）。古《いにしえ》のローマと、当時の見世物《スペクタキュラ》そのものだと感じたのである。

あとは、六〇年代初頭に夜になるとテレビで放送されていたプロレスである。そこでは巨体の男が持ち上げられ、投げ飛ばされ、落下し、押し潰されていた。

しかし、八〇年代も終わりになると、最も美しいダンスは、わたしの目に、ごく一瞬しか続かないものとなった。それは、民俗誌を扱った映画のなかでトランス状態がはじまる瞬間の高揚感だった。前世紀の終わりごろ、このような説明しがたい卒倒の映像の蒐集はかなりの数に上ったが、あのDVDが今ではもう見れなくなってしまったのは無念なことである。もっと正確にいうならそれは、内側から湧き起こる、逆らいがたく円形を描いてしまう振付のなかで、叫び声があがり、歌声によって幻惑された女の身体が弓なりに撓《たわ》み、声の高揚とトランスの渦のなかで、音楽がますます強烈に、無秩序に、狂乱的に、蠱惑的《メデューザン》に、変幻自在になっていくとき、倒れてゆく女のうしろで、何者が突然あらわれて両腕を伸ばす瞬間。その瞬間に心を奪われる。そして圧倒させられる。わたしを感動させるのは、まだみずからの長さに沿って、丁寧に広がっていくよりも前の、熱を帯び、軟体化し、脱臼し、情動に圧倒された、地面の上の身体の、両腕との接触点だ。それは、無限に緻密である。スティーヴ・パクストン〔一九六〇年代にコンタクト・インプロヴィゼーションを開発したアメリカの振付家（一九三九―）〕の舞踊のことだ。触れる、抑える、そっと降ろす、撫でる。宙に、地面に転落《テール》する――卒倒《アテリール》する――身体を優しくゆっくりと受け入れること、意識することなく身体を地面に拡張していくこと。見るたびにわたしは感動してしまう。その映像を見るたび、いつも目の縁に涙が溢れてきてしまう。いまにも死んでいくという者を迎え入れることができる人間の可能な優しさのようなものがそこにある。崩れ落ちることを気にせずにそのまま後方に崩れ落ちていく身体を誰かが迎え入れ、それをすぐ横の土埃のなかにそっと横たえる。アンタイオスである〔ポセイドンとガイアの息子で、好戦的な無敵の巨人〕。誰にでも、どんな人間にでも、どんな神にでも、完全に身を投げ出すようなもの。自分は幸せに生まれるだろうと安心して考え、それに信頼を抱くようなもの。被害者が、自分の主人や母親に絶対的な信頼を置くようなもの。

アンタイオスはウティカ〔チュニジアの古代都市〕出身である。母親は、大地《テール》であった。世界の果てで、旅人が現れては、すぐに自分と戦うことを要求した。負けそうになると、つまり倒れそうになると、かれは大地に触れた。大地に触れると、その途端にかれは生まれ変わった。戦いのたびに、叩きのめされて土が付いても、地面を支えにしながら、母親である大地と接触《コンタクト》すると、無傷で無欠のように再び立ち上がることができたのだった。かれは、ただひとり地上から生まれた英雄なのである（アンタイオスは大地を母に持つ唯一の人間なのだ）。

2　芸術と誕生

芸術は、脱皮である。

生命の誕生は、わけても抜群の脱皮である。

脱皮に際し、身体はそれまで自身を包み込んでいたものを離れる。

土方自身、こう書いている――舞踏家は、洞穴から外に出て光のなかに戻る瞬間の先史絵画であると。

人間の発達において、すべての変化《メタモルフォーズ》の基準となるのは、誕生という脱皮である。大地に触れたことが一度もない容器の外に完全に出ること、それは引き籠もっていた身体の動きに対して狭くなりすぎたために引き起こされ、まったく知らない要素のなかに産み落とされること――陥《おとしい》れられること自体を知らないという無知に陥《おちい》る。

未知の外界への純粋な出発。

純粋な出立の道の進み方は直進的だ。直線的で、真っすぐで、いいかえれば、最短経路を通って、時間的には復元不可能な空間へと出る。直進‐方向《ディレークティオ》は、逃走そのものと同じくらい迷いなく、正確で、一方向的である。この跳躍においては、いったんそれに身を委ねてしまえば、もともといた場所があまりに狭く窮屈であるために、絶対に停止することはできない。それが、誕生というものがもつ加速的、増強的、落下的《カタストロフィック》な運動なのだ。

カタ‐ストロフェー〔kata-sttrophè〕という言葉は、ギリシア語だと、回りながら落下する動きへと分解される。

破局《カタストロフィ》は、崩れ落ちる。

このような前触れのない吐き出し、この奇妙な遭難という点で、誕生に類するものは死をおいてほかはない。

人間の経験の核心には、ふたつの「出る」がある。「生まれる」と、「死ぬ」である。

唯一トランス状態だけが、その回転、旋回《ストロフェー》、回旋＝詩《ストロフ》によって、このふたつの「出る」と肩を並べることができる。そこで、全速力で回転する身体は、介助者の――一時的なうつわ、一時的な抱擁の――両腕に倒れ落ち、今度はその者が恍惚的な運動の残りものを大地に下ろし置くのである。生誕によって発見される大地は、死にも取り憑いている。落下がダンスに取り憑いて、それがトランスを証明するように。

（射精も、排便も、唾も、嘔吐も、会話も、涙も、身体の開口部からの小さな落下物《カタストロフエー》に過ぎない。）

以下の五つの鍵は音楽的、あるいは数学的、舞踊的かもしれないが、いずれも胎－内に関わっている。

1、臍の緒は、ふたつをひとつにする。それは、胚発生以前にまで遡ることができる定点である（ひとつであること、一体、合体、合一、溶け合うような世界）。

2、胎児は、二を基本として平衡を保つ（すべてのものが倍になっていて、形態的にいえば二重である。たとえば、二本の腕、二つの手、二本の脚、二つの足、二つの耳、二つの目など）。

3、回転を生み出す波、そのS字カーブが起点とするのは三つの点である。それは、生きていたころの巨大ドラゴンの三拍子舞踊《トリピュディアシオン》である。あるいは、砂のなかの蛇であり、寄せては返す海の波である。波はものを露わにし、その目に映る第三者をものして、きらきらと輝く岩、走っていくカニ、大量のムール貝、水制〔土砂や水の流れを遮断する制御工法物〕を目の前に置く。潮は現実のものをまずは覆い隠し、次いでそれを露わにする。

4、回転円のなかには、四角に沿って手足が描き込まれている（その四肢は、まるで裸の男が丘を降って川へと向かう車輪に引き裂かれているかのようだ。ウィトルウィウス的人体。一四九二年、レオナルド・ダ・ヴィンチが描いた人間である。それは、四頭の牝馬に引き裂かれている王妃ブルンヒルド〔五四三頃—六一三〕だ。思いあがって拳を上げたまま、リングを走り回る勝利ボクサーである）。

5、最後は手だ。五本の指は空気中で抗いがたく前方に突き出ている。産み落とされた瞬間に、肺から出される叫び声が助けを求めるのと同じくらい自発的に、男と女の上半身の先端で、手は懇願を差し出す。懇願する祈りの手は、五本のまっすぐな指を、五本の光線として、五本の矢として、五本の指先の輝く五つの鱗として広げる。

エジプト彫刻で描かれる覡《かんなぎ》〔ka〕は、裸で、両手を上げて、掌を開き、性器を熱り立たせている。覡〔＝ファラオ〕は、人間の動力に関わるエネルギーである。オシリスの巨大な石像の数々は、そのなかでもとくに魅力を放っている。円柱からは、頭と手だけが滑らかに浮かびあがっている。そして、下のほうには、足の指があらわれ、互いにずれ、前に進んでいるのがわかる。つまり、神の歩みなのだ。石のなかから出てくるのは、いま存在している神ではなく、永遠に未来でありつづける時なのであり、いうなれば、山の頂上から一点として現れ、浮かんでいき、溢れ出し、高みを目指し、赤や朱の色を放つ、東の空に真っすぐ浮かぶ太陽のごときものだ。

「魔力〔kam〕」は、トルコ語でシャーマンである。「霊力〔cham〕」は、エヴェンキ語でシャーマンだ。この言葉が示すのはただ、跳ね返る「力」である。

とても奇妙な文字列で書かれたギリシア語の女性名詞である「スフィンクス〔sphingx〕」は——オイディプスが生まれ故郷に到着した日に、死に至る難問を告げる——、「シェセプ‐アンク〔shepses-ankh〕」という古代エジプト語のふたつの言葉を変形したもので、その文字が意味するところを語から語に移しかえれば、生‐像である。エジプト語のアンクの意味は、生命、空、牛だ。女スフィンクスは、朝日を浴びるカフラー王〔古王国時代の第四王朝を統治したファラオ（在位前二五五八年頃—前二五三二年頃）〕の真っ赤な太陽の獅子であり、分娩によって地平線を血染めにする女王、ネクロポリスの守護者である。

かくして生気を与える行為は、神聖化に先だって、芸術の本来的な機能から生まれている。そこで大事なことは、生命を与えると同時に、その生者が光に到達することを約束することだ。

この二重の機能は、それによって誕生を定義できるという点で普遍的である。

一新するというこの機能は、すでにして絵画的であり、色を塗り替える技術に関わる。なぜなら生誕は、子宮の闇を生きてきた存在を、赤い光に与えるときも見られるからだ。

芸術が再‐生《ル‐ネサンス》に捧げられるのと同様、すべての芸術家に起源の苦しみを捧げるという機能、こちらは誕生がもたらす情‐動《エ‐モ‐ション》として定義することができる。創造がもたらす情動である。

3　ダンスと不動性

ダンスと区別が難しいながらも、音楽は、一から十までが対象の喪失に捧げられている。しかし、光に向けて表現するダンスとはちがって、音楽はいつまでたっても目には見えない。それこそが音楽固有の美である。どこかに行くたび戻ってくる母の声の流れしか記憶にないような世界を思い出させてくれる歌、それが音楽だ（最初の世界で聞こえる声の出どころが、ふたつの乳房をもつ巨人のような女の赤い口であることが第二の世界に至って判明する）。

だからこそ人は、ひとたび生まれると、自分の上でかがんでいる体のなかに、自分を宿したときの母親のなかの往古《ジャディス》を再び見出す。

だからこそ歌は、失われたものの最も深い苦しみの境界線上にいつもある。

すべての肉体が、胎内の一点から下方に向かってはじまるのと同様に、すべての作品は、生誕における離別の苦しみ「から」「出現する」。

だからこそ母の喪失は、あらゆる対象が失われることよりも、深い喪失を繰り返し引き起こす。

あらゆる作品は、それが世界にもたらすものよりも深い喪失をよみがえらせる。

対象なき喪失、それが生誕である。それまで自分の母親とは知らなかったであろう人を失うことは、喪失として定義できるような喪失ではない——失う側がみずからを知らない以上、失われる側は遺棄者の胎内で、光の世界のなかで客観的に見えるような存在として体験されたわけではなかったと。この奇妙な喪失が、失われることになる世界とともにもたらすものは、ふたつある。かつて落ち着きを与えていたものと、落ち着きを与えられていたものだ。これらは以前のように結びついたものとしては存在しておらず、したがって、このあたらしい大気的世界の赫々とした光のなかでは認識することができない（実をいえば互いに認識することは一度としてないだろう）。それらは、空間内のいかなる地点においても認識されない。ダンスにおいても、それに連なる視覚芸術においても、それらは認識されることがないのである。

それらが認識されるのは、不可視なものの内部においてのみ、つまり、声という音声的な要素においてのみである。話し言葉が口に出されるときの声の意味的な要素よりも、音楽の意味を脱した歌声の音声的な要素で認識される。

そしておそらく——何よりも——文章のなかに埋もれた失われた声がもっている音声的な奇妙な点においてもまた。

退行する世界や自閉症の人の顔は、顔を望まないという点において、ひとつの非-顔である。自己のままでありつづけたいと思う子供は、不可視のままでいたいと願う子供である。内部の子供は、光の世界の視力など望んでおらず、母親が前にいてほしいとも思わず、母親と対面することを拒絶し、あらゆるものにアレルギー反応を引き起こし、口の前に親指があることも望んでいない。いかなるものも、生誕の別れを思い出させてはならない。ところが、光の世界のなかで、見えるものはすべて母子を引き裂くものなのだ。

けっして満たされることのない熱りたつペニスをもちながらも、禁欲という極端な貞操観念をもって、生誕の際限なき増殖と闘うシヴァ神と同じように、音楽－ダンスは言語と闘う。

だからこそダンサーは、顔をもってはならない。彼らは、顔を白塗りにする。顔をマスクで覆い隠す。顔をヴェールで包み隠す。ダンサーは、落ち着きを与えられたものと、落ち着きを与えるものの別離を拒絶する。

意識から意識への（胎児から内側にいる母への）内方浸透〔細胞膜などの半透過性の膜を液体が濃度の高いほうへ移行する現象〕。

そして生物から生への（天と牛のあいだの）内方浸透〔古代エジプトの『天才の書』では牝牛が太陽の化身として表象される〕。

それが、海を見つめて考えにふけることを可能にしたりする。先祖から受け継がれてきた多孔質なまなざし。どんなに予測不可能な新しいことが起こっても、途切れることのない連続性に触れているため。自分のことを切り離さないでおくため。ずっと呑み込まれたままでいるため。

海の止まぬ潮騒を聴きながら、ずっと海を眺めている存在は、大きく膨れあがっていく獣の中に自分の姿を見失う。

クレティアン・ド・トロワ〔十二世紀後半の吟遊詩人〕は、名もなき騎士ランスロット〔アーサー王物語等に登場する伝説の人物〕のことについて書き残している。唯自ラヲ憂慮スレバスナワチ「自己」ヲ忘却ス。

自身《イプセ》〔ipse〕がまず、続いて自己《エゴ》〔ego〕も倒れる。

恍惚状態（自己がそこにいない状態）は、芸術において開かれる場である。倒れた者はどこで自分が倒れたのかも覚えていない。

物自体〔対象の認識をもたらす起源でありながら、それ自体は不可知であるものを指すカント哲学の用語〕は、わたしたちがそこに属しているのだから、到達できる。わたしたちはその一部なのだ。それは、時間以前、つまり往古《ジャディス》である。時という〈次元〉以前に、生まれてもいないうちからわたしたちが生きられるのは、時の起源の高まりが「出発点」にあるからだ。それが、この奇妙な力――この霊力《シャム》、この魔力《カム》、この動力《カ》なのだ。

幼少期のヴェルディ〔イタリアの作曲家（一八一三―一九〇一）〕はミサの侍者で、礼拝が終わるたびに叱られていた。背中に響く音楽のせいで恍惚状態に陥ってしまって、ミサに奉仕ができなかったのである。かれはいつも跪いていた。だが、祭壇の階段に膝をついたまま、震えだしてしまうのだ。オルガンの力強さ、メロディライン、流れてくる歌の美しさに心を奪われ、礼拝中は身動きが取れなかったのである。

人間は、〈主〉の心臓の鼓動の中で生きている。（わたしたちの心は、いつも自分以外のものなのだ。）

4　ダンスの定点と絵画的幻惑の定点

急に人は動きを止め、他の動きを押しとどめ、呼吸そのものが落ち着いていくと、もう動くこともなく、ペンの先を唇に当てて何かを考えだす。

急に動物は固まり、耳を尖らせると、耳の先端は空気中でゆっくりと、目にはまだ見えていないがゆえに探し求めている点に向かって方向を変える。

考えることは見張ることに由来し、見張ることは耳を立てることに由来する。

命題。わたしは、ふたつの「停止した動き」という意味で、ふたつの不動性を区別することを提案したい。

（一）、まずは、捕食者の視線の内側でみずからが描く軌道を予測する瞬間に生まれる不動性。つまり跳躍のはるか前に、捕食の直前に（小話をはじめる直前に、そのテーマに迫る直前に、個体が死を迎える直前に）停止した動きである。

（二）、捕食者に見られていることを知った瞬間の獲物の不動性。この立ち竦《すく》み（この「死んだふり」は、人間であろうとなかろうと、その場に襲来するまだ見ぬ脅威を彷彿とさせる）は、獲物を捕えるための跳躍が生まれる定点に対して二次的である。

わたしが第一の不動性と呼んでいるのは、前触れなく、猫が地面に這いつくばって、草むらやタンポポの花の群れで背中を丸め、自分の視界にあるものをただじっと見つめることなどである。縮こまった猫は、空間内の一点のごとき存在となる。恐れを感じたときの肛門のように。注意力が持続しているときの瞳のように。やがて毛の下の筋肉は盛り上がりを見せ、跳躍前の溜めが見えはじめる。その瞬間は、時間と化した空間の一点として、先んじて生じた不動性から（息を止め、身体を圧縮して――身体で周囲の空間をなるべく収縮させることから）生まれる。そのとき瞬間《アンスタン》が生み出す跳躍の溜めは運動の源流にある停止であり、時間の源流にある緊迫点であり、不動‐点《アン‐スタンス》として、流れを限界まで押しとどめ、やむにやまれず、跳躍を生み出すのだ。この退縮点を「起点」として、跳躍が脱点化する。この時間なきカウントダウンが、ダンス‐音楽に先立っている。

わたしが第二の不動性と呼んでいるのは、前触れなく、小鹿が枯葉のなかで動かなくなることだ。棒立ちになっている鹿の蹄は、紅葉した落葉のなかで微動だにせず、シダの群れや湿った草木のなかで沈黙を守りながら、耳を立て、風がそよぐ音ひとつひとつに耳を澄まし、森の中や岩陰に敵が発する音の出どころに耳を傾けている。それは、もはや瞬間《アンスタン》ではなく、ひとつの契機《モメント》である。「何かいるか」を探る契機のなかで生まれるのは警戒心であり、可能性をさぐる思考のシークエンスによって物影を見比べながら、事物は不在と存在のあわいを揺れ動く。

視線の不動性の出現と、目で見える身体の動きの消失との間には、ひとつの関連を認めなければならない。竦《すく》みと呼ばれるものである。この前触れなき運動停止が「死んだふり」を定義する。死んだふりをすることで、獲物は生き延びることが可能となるが、しかし石のように固まったまま、本当に死に飲み込まれてしまうこともある。獲物が生き延びるには、動きによっておのれの存在と生命を示すことを中断しなければならない。このような獲物における動きの抑制は、捕食者に固有の瞬間的な筋収縮とはべつの世界に属している。捕食者は死の実践を捕捉力として、摂取として、消化として、先取っている。

抑制と収縮はおたがいを睨み合っている。

不動の絶対的未来（以前も以後も想定しない）は、捕食に固有なものである。

未来が発生するのは、捕食という出来事に先行するこの収縮の時点である。

絶対的な未来とは、すなわち中身を欠いていることだ。

自然=本性《ピュシス》とは未来であり、跳躍の源流で起こる緊張であり、外に向かうことであり、芽吹くことであり、葡萄の木の発芽であり、急に勃起する男の亀頭の膨らみであり、女の体の中で急激に凝固した血の塊である。わたしたちが間違って「精神《エスプリ》」と呼びならわしているものは、単に「未来」のことなのだ。これは妊娠のこと、そして妊娠に固有な子宮-内の、前-跳躍的な、そして自己外-在的《エクースタシス》な踊りである。この三拍子舞踊《トリピュディウム》は、ヘブライ人たちの息《ルア》だ。ギリシア人たちの失血《リュシス》だ。海の波の高まり、大地の表面に生じる春の蠢き、地面に子供を落下させるまでのあいだ、女性器の上にある膨らんだ腹のうねり。ディオニュソス——春の神である——は古代ギリシアでは到来する神であると呼ばれていた。人々はまたふたたび生まれた神とも呼んでいた〔ディオニュソスはゼウスの雷電によって焼け死んだ母セメレーの腹から取り出され、ゼウスの太腿に縫い込まれたのち月満ちて生まれた〕。これはまさに、ふたたびek〔外〕がen〔中〕になる瞬間の源流にある瞬間だ。ハンターは飛びかかると同時に食べようとする。それは奇妙なことに捕食者（死）が生者を貪り食いはじめる前のことで、そのとき両者はともに目に見える空間にまだ含まれている。

ダンスの奥底が一点なのは、起源の奥底が一点だからである。

読むことが読み取るのは、起源が空間に命じるこの一点である。読者は、空間のなかでこれらの点を次々と深掘りしていく。それは本質的に角張った片隅だ。暗くて尖っている隅っこ。Ignobilis angulus. 胚形成という往古《ジャディス》の、内部にぴったりと貼り付いた、光をもたぬ点である。

5　不定過去とシンタイ（shintaï）

わたしは空と時をかなり飛びまわった。腕がもうあがらない。わずかな黒い羽が抜け落ちていく。じきにわたしも倒れ込むだろう。空をつくりあげている得体の知れぬ空気のなかに手を伸ばしてみる。まだ前に進むために何かをつかみとり、日々の暮らしで意気消沈しないようにと思いながら。

かくしてわたしの息と指は、無限の塒《ねぐら》をあちこちに探し求めた。

それを見つけたのは、第二の世界に住まう鳥のように空中ではなかったし、第二の世界のなかの目で見えるもの、つまりその無限性のなかではなかった。目には見えない言語の中心にそれを見つけたのである。

　何よりも頑丈な疇は不定過去《アオリスト》である。

起源の一点は、言語のなかで、不定過去《アオリスト》となる。不定過去としてはじまるのだ。

昔々のことだった。

この「昔々のことだった」は、「いつ何時も」を意味する。

「昔々のことだった」は、各言語で提供される全時制のための時間的要素である。
この言葉の宛先が限定的でないのは
単純にそこから前と後、陰と陽という
二つの－尺度《ディーマンシオン》が作り出され
そこでは誰もが
自身の起源となり
自身の起源の楔となり
自身とは異なる性を
たえず待ちわびているからだ。

アーオリストは、無‐地平を示す。

文法的にいえば、過去現在のことである。

不定過去《アオリスト》が指し示すのは、何とも対比されない単純な事実だ。

それは、対比をもたらす言語に先立つ、そこにあるという次元《ディマンシオン》である。

性差という考え方の内部では
想定不可能ながら
想定可能化される。

胎児にとって出生に先立つもの。

星々にとって自然《ピュシス》に先立つもの。

崇高な全存在にとって〈外〉なる空に住まう黒牛に先立つもの。

失われたものとは、地平線から立ち上がるこの赤い女スフィンクスのことだ。

いつも不定過去の謎に包まれている。

生命《アンク》。すなわち、生を生み出す一点。

未知なるものがふたたび心の奥底を奮い立たせる。唇の間から、指の間から、ページの間から生み出されるすべての作品とは、そういうものである。

6　蘇軾《スー・シー》

眼差しはいつも身体の厚みの向こう側へと欲望を運ぶ。身体が空間内で踏み出す歩みの向こう側には、もうひとつ別の身体が見出される。なかんずく男たちにとっては、欲望さえもがひとりでに突き進み、意思とは無関係に、空間のなかで腹の前に突き出る。どうして男たちは自身の欲望の赴くままに〈オープン〉にもっと前に進めないのか。どうして他人の視線を受けるとほとんど瞬間的に後ろに退いてしまうのか。どうしてかくも頻繁に身をかがめて、腹で性器を覆ったり、布切れで見えなくしたり、丸まった手で隠したりするのか。どうして祈りの手を広げないのか。どうして天を前に跪かないのか。どうして顔を上げたままにしておけないのか。

蘇軾〔中国北宋時代の政治家、書家、画家（一〇三七―一一〇一）〕はこう書いている。与可《ユーケー》〔墨竹画家である文同（一〇一八―一〇七九）の異名〕が竹を描くとき、彼は竹を見て筆を見ず、筆を持つ手を見ず、自分の身体を置き去りにしていた。自分自身が見えなくなり、それどころか、やがて目の前の竹も見えなくなり、指先で生み出されてゆく竹の姿さえ見えなくなった。手が空中を舞うのみ。空中で踊る片手しか見えなくなった〔蘇軾の五言古詩「書晁補之所蔵與可画竹三首其一」『蘇軾詩集』巻二十九による〕。

ブタデス〔古代ギリシアの陶芸家〕の娘が、赤土の壁に映し出される、再出征が決まった恋人の大きな黒い影の輪郭をトレースしているとき、掌中の黒炭は見えていない。

素描しているプリマティッチオ〔イタリアのマニエリスム期の画家・建築家・彫刻家（一五〇四―一五七〇）〕の手は、プリマティッチオが見つめる先にある、ブルーの紙の上を動く鉛筆の芯が見えていない。

素描しているピカソの手はすでに、紙上には現れない素描である。まだ空白の面ばかりの絵の起源たる〈外部〉で、目に見えない手は、描こうと狙い定める線をすでになぞっている。

恍惚的忘我《エクスターズ》は、忘却の到達点である（外に―立つ《エク―スターズ》とは、自己の外側へと「流れ出し」、身体が反転し、種がまかれ、木炭が粉々になるときのトランスの境地である）。


一種の不動なる絶対的未来が収縮を起こすことで、出来事が生まれる。視線を結びつけ、身体に集中を与え、剥き出しの皮膚の下を走る数多の鼠（〔ラテン語では〕ミュスという）のような全身の筋肉《ミュスクル》を引き伸ばす緊張した未来。未来には中身がなく、形がなく、終わりがなく、無―地平的《アーオリスト》で、謎に満ち溢れていて、空虚で、何かを待ち構えている。

7　神々《カミガミ》

すべての恒温動物は、場所から場所へ移動する。

呼び名から呼び名へ、

休み先から休み先へ、
河岸から河岸へ、
畤から畤へ、
洞《うろ》から洞《うろ》へ。

間《マ》から間《マ》へ、形から形へ、像から像へ、場面から場面へ、夢から夢へ、言葉から言葉へ、文から文へ、氏から氏へ、転移から転移へ、顔から顔へ。

ほとんど人間に近づいた哺乳類たちの慣習を枠づけているこの規則は、霊魂《エスプリ》においても事欠かない。

古代日本で、悪魔はカミと呼ばれていた。二つの世界にまたがるこの存在に与えられた名は、カ（燃え上がる炎）とミ（落下する雨雫）に分解することができる。

二つの異質な世界のあいだの往還。

神々《カミガミ》が愛するのは空洞、空虚、間であり、彼らは宿命をつくりだす天と地の間を絶え間なく往還しながらも時に安らぎを得る。

わたしが喚起している聖域は、実際に建てられた寺院と比べるとはるかに法則性を見出すのが難しい。

間とは、神が住まう空洞のことである。この空洞が、空間の内部に場を作るように、時間のなかに間隔を生む。

場面のあいだの暗闇は、間である。

間は何かを繋ぐための分断である（句読点は文章に脈絡を生み出す）。

ページ内や段落間の余白は、間である。

同じように間は、舞踏家の顔の白塗りである。それは、顔の特定の特徴を消すことによって、あらゆる変容を可能にする。

間とは〈仮面《マスク》〉であり、そこでは顔が後退してゆく。同様に間とは潮間帯であり、そこでは海が後退してゆく。


書物は、音の後退でありながら深淵の開かれでもある。

読み始めは巻頭からでも巻末からでも構わないし、読み方は左から右でも右から左でも、上から下でも下から上でもいい。いずれにしても書物は、空間のうちにある角度を作り出し、それによって空間を切り開く。

わずかな間が斜めに開かれ、その空虚な間隙を拡張する。往時の母親の両膝のあわい。どうあがいてみても、わたしたちはこの失われた秘奥を起源にもつだろう。気高さのない、粗野で、卑しい片隅、それがかつてわたしたちがいた場所である。妊婦、産婦、母親における、内側と外側のふたつの声の境界こそ、ひとつでありながら二つのものをつなぐ場であった。

ふたつの声はもう残っていないが、いま、わたしたちはかろうじて声が谺する喉の奥の奥底にいる。

　もうひとつの世界で、往古《ジャディス》に聞いた声のわずかな名残、その音の響きはいま、わたしたちが自分で声を出している世界のものとは少し違っている。そこには本当の住処があったのだ。その空虚な間を通ってわたしたちは生まれ、この世界に抜けでることでそれはいっそう空虚なものとなる。メディアが剣を手にして黙考するのは、まさにこの場所である。そのときの間、角度《アングルス》、襞は、窮屈な子宮の名残だ。これはあらゆる扉の源流に位置する〈扉〉である。窮屈な扉《ポルタ・アングスタ》。身体が生まれた直後のように裸になって、恥じらいを感じて翳りで縮こまる者が追い詰められるとき、剥き出しにされた体から微かな光が溢れ出る。この瞬間、光が湧き出るのは、もっと古い翳りに包み込まれているもうひとつの身体である。間は、スルバラン〔スペイン・バロック期の画家（一五九八―一六六四）〕が描く絵のなかで、それぞれの物体、果物、家具、テーブル、花、本、布を分け隔てている空間である。黒々とした朧げな間は、周囲の物体に強度を与える。夕闇が、それぞれの事物をとても光り輝く、暗号化された、目を引く、点的なものへと変貌させる。細くまっすぐで青白い炎が、両目そのものよりも光を放つ腹の奥底で立ち上がる。肉体の蝋燭に近づいてゆく両目を、夜の闇のなかで輝かせる万能の閃光。このような起源における剥き出しの啓示−閃きに、安らぎがあることを何ひとつ気づかないまま、両目は釘付けになる。この青白い震える肉体は、おそらく人間の世界に固有なただひとつの光である。

　欲望する者の蒼白の性器が周囲の闇のなかで隆起するとき、閃光はなおも先へ延びる。

　奇妙で特異な光は、人間の生殖に関わる部位を包囲する。

このような発光現象は、生殖器を見た者の注意が蠱惑されたことに加えて、（一方の性から他方の性への）えもいわれぬ無知が露呈することにも由来している。

性欲の虜となったとき、女の大きな唇は膨らみ、ブレスレットのように静かに湿った輝きを取り戻す。

性欲の虜となったとき、男の性器はひとりでに隆起し、老人の指先のように震え出す。

というのも、唯一――獣の中でも――人間においてのみ、性器の勃起、性交時の抱擁、胎児の妊娠、子供の誕生のあいだに関連性が見出されるのだ。ただ人間だけが、この片隅（このように世界の外部へ、影のなかへ追い込むこと）と、少しの間、少しの光を求めて、大気圏に入る前の奇妙な闇から抜け出して姿を現す自分たちに繋がりを持たせている。

光の曖昧な受け渡しを生み出すのは、アオリストとしての裸である。不定過去《アオリスト》はなぜなら、裸から生まれる自己につねに先立つからだ。

舞台を照らしている光。

舞台上で広がってゆく光はやがて暗黒舞踏の舞台で踊り出す。

シャーマンの指は光を求め、彼女の顔が光を吸いはじめる。

神秘的な明るさとは、パルメニデス〔古代ギリシアの哲学者（紀元前五二〇頃―四五〇頃）〕のなかに書かれている「異邦からの光」である。

Phôs allotrion.

非地球的で太古的な月という異邦からの燐光は、太陽の光を間接的に受けながら、反射によって青白い光を放ち、何よりも始祖的であるが、それを身体で正面から受け止めて目を奪われる者を、二度と忘れられないほどに震えあがらせる。

かすかな光は生命を拡張させ、時間の中で大きくなってゆく肉を見ようとする目にとっての道標になる。

そしていつも確実に、身体が求める闇へ、身体がかつていた闇へ、身体に必要な闇へと道案内をしてくれる。ペルシアと呼ばれていたころ、帝国となった最初の数年間に居住していた古代ローマの詩人が、素晴らしいことを書き残している。夏はあまりに暑すぎて、酷暑に打ちのめされ、炎暑のなかでぐったりとした完全に裸となった肉体に性的欲望が取り憑いてしまい、耐えられないほどの灼熱が数時間も続くときには、涼を保つべき部屋のなかで、太陽の光が木製の雨戸の隙間を大きくしてしまうのだと。

人が入るのは、隙間が広がるこのような想像上の部屋である。

もう一方の身体が裸になる瞬間、古い身体が大きく膨れあがる瞬間、何よりも古い部屋のなかに、前触れもなく弱々しい光が差し込むと、深淵で時が切り拓かれ、まさにそのとき、人間はもうひとつの世界へと移行して、ふたつの身体は互いに抱擁しあう。

ルターはこう書いている。人間は原罪のなかで、眠り込んだ奴隷のように縮こまっている〔『ローマ講義』（五一五―一六）〕。

しかし、ルターははっきりと「縮こまる」と書いたわけではない。彼が書いたのは、「自らに彎曲する〔incurvants in se〕」だ。人間が自分の体を「縮こめる」ということ、自分自身のなかで、つまり起源にある苦悩のなかで縮こまっているということ。なぜならば、原罪こそが各々の存在の源であるからだ。

縮こまり。この彎曲《アンキュルヴァシオン》は、性交とそれに呼応する十月十日《とつきとおか》の果ての出産に付随する弓のような四肢伸張《デキュルヴァシオン》を起源にもつ直線とは正反対である。生誕時の四肢伸張。精液が矢のかたちとなって爆発する直前の勃起した男性器の彎曲。母親の身体の境界上で起こる胎児の彎曲と、生誕時、そして果てには大地の上に横たわり、精神がなくなる（息がなく、魂《プシュケ》がなくなる）ときに起こる四肢伸張。

身振りは、起源にある世界ではじまる。身振りは、幼年期におけるように、歩みに先立つ。空間内で手が伸張して懇願するように進むのは、移動する以前から生じる（生後にしても、移動は手によって可能になるのであり、《四つん這い》になったときでさえ、両手の上で身体を伸ばしながら、つまりは両手を伸ばし、地面を押し引きして進むのだ）。

しかしまず手は、叫びが激しく押し広がるように伸びる。それも絶対的に。

手は最初の世界から来るべき世界に向かって進む。そして暗い水の深層に触れる。手探りする。中心と周縁を行き来する。手が触れようとするのは、子宮腔の狭間、空洞、洞窟、隙間、穴、間である。


浅い眠りから抜け出した猫は、母屋の赤いタイルの上に二段構えで伸びをする。最初は背骨を彎曲させて、巨大なギリシア文字のオメガの大文字（Ω）をつくりだす。そして次に、ラテン語の子音Vの小文字（v）のように、できるだけ長く伸びをしつづける。そのとき前足や、その先にある爪は、視線の前のできるだけ遠くへと向けられている。最後に猫は、自分のやり方で体を左右に揺らしながら進みはじめる。好きなように歩きはじめ、庭へと戻っていく。猫は一匹一匹が、見事なまでに固有で、感動的で、馬鹿げた方法で歩いている。わたしたちの誰もと同じように。

9　芸術システムの破滅点

プルタルコスはこう書いている。ダンスは音楽ではない。言葉は絵画ではない。それぞれの芸術は、空間の中に時代、領域をもっており時間の中に時代があるのとまったく同じように、一生のなかの特定の時期として位置づけうる。

そうならば、こうも言える。ダンスは誕生である（音楽が、胎内における最初の世界であるのに対し、声に出す言葉が幼年期の終わりに発見される社会的な世界である）。

しかし、こう言うことはできない。夜－音楽、光－絵画、言語－文学、ダンス－建築、夢－映画。

降雨に次ぐ降雨、嵐と洪水。潮汐。

こうは言える。そこには痙攣があり、閃光があり、振動があり、膨張があり、分裂がある。

奇妙な運動。奇妙な外への－動き。奇妙な変容。奇妙な変異。奇妙な変－移《トラーデュクティオ》。

運動〔motio〕は、エンテレケイアである。動き〔motus〕は、ドラマである。力強い体の動き〔movere〕は生に先立つ。天空にすでに奇妙な力が宿っている、あるいは炸裂しており、それは海の潮の流れ、大気の嵐、空を引き裂く雷、溶岩の押し出しといったような、生物学的な衝動を予期する現象にも先行している。

とても謎に満ちた「自然」のイメージ、あるいは少なくとも夢に先立つシークエンスの断片が、植物の擬態と結びついたり、あるいは嘴のなかや顎のあいだで鳴り響いたりする。そこには、眼差しの穴も、仮面の穴もすべて用意されている。仮面《ペルソナエ》と死面《イマーゴ》。

植物には、周囲を一変させるような攻撃を予測する捕食性の「退縮点」が根付いている。

そこには、確認できる実際の過去よりも広範囲で残酷な呑み込み－吐き出しがある。少なくとも、ねっとりとした発芽や花びらが口を広げる現象には確かにそれが認められる。

ラテン語では、身振りが外への－動きを定義する。ゲストゥスは、身動き〔motus corporis〕である。つまりダンスとは、出現の日に歩みはじめるよりもずっと前から動いている、あるいは動くようになる身体である。ダンスは、動く、運動する人間の身体であればいかなるものでもよい。

ギリシア語では、身動き《ゲストゥス》、動き《モトゥス》、跳躍《サルトゥス》、これらすべてがキネシス〔kinēsis〕というひとつの言葉で表される。ダンスは前進する身体。つまり、「映画《シネマ》」である（言い換えれば、動かないはずの写真が動くようになったことで、見る人に向かって前進していく）。映画は、洞窟の暗がりの中を進む光を握る手の中に、すでに完全なものとしてある。マルセイユの駅で観客に向かって全速力で前進し、どんどん巨大になっていく、あの光り輝く列車。観衆たちはひとり残らず、それまで座っていた場所を離れ、悲鳴を上げながら走り去っていった〔映画『ラ・シオタ駅への列車』（一八九六）〕。

われわれは区別などできない。波の前進と後退、植物の上昇と下降、生誕する人間のダンス、獣たちの取り憑かれたような彷徨、楕円の軌道を描く、星々の周りを回りながら自転する惑星、何らかの節によってリズム化され、あるいは何らかの月の動きに従っている夢遊病者、動物の仕草、その馬鹿馬鹿しく滑稽な身振りの模倣（猫がグルグルと不愉快な音を立てて鳥の鳴き声を真似しようとするのは、〈建物の－下の－隣の－庭に－住む－ナイチンゲールの－鳴き声〉をクロウタドリ自身が真似したという前代未聞の歌とは比較にもならない）、動物であれ、人間であれ、小さな子供において自発的に立ちあがる大まかな類似、唇を蜂の羽音のように震わせたり、すでに足元で踏み鳴らしたり、指の肉の膨らみで鍵盤を叩いたり駆け抜けたりする音楽、膝をあげて足を下ろして前に進む身体の美しさ、顔を覆い隠すことで個性を剥奪して慎みを粉砕する仮面、内面の服従や集団内役割から——裸以上に——守ってくれる変装、刺青、色使い、宝石、香水、爪、沈黙、影。言葉以外の全手段に偏執狂的に区別を設けるのは不可能である。それぞれを分散させ、それでいて独立していることが全手段を輪郭づけるなどというのは不可能なのだ。

ラテン語における gesticularius（身振りをする人）とは、ミモス劇役者のこと。ローマでは、真のダンサーは気高い水準に達すればこのミモス劇役者となる。ゆっくりと、まっすぐ、落ち着いて、慎重に、はっきりと、しなやかなリズムで動く。古代の人々はこう言っている。真のダンサーとは、ギリシア人にとっては雄弁家、ローマ人にとっては弁論家であると。

キリスト教世界では、司祭である。これもまた、いつ何時も、方向づけをされた言葉の主であるが、しかしそこには年長者（長老《プレスビュテロス》）のゆったりとした高貴な動きがつけ加わる〔長老派とはプロテスタントの一派で、かつて長老と司祭は区別されていなかった〕。

中世フランスでは、降誕祭《ノエル》が発明される以前の十二月に愚者たちの踊りが行われ、子宮内の胎動と同じようにトリピュディアと呼ばれていた。生誕《ナティヴィタス》という言葉は今では、かなり昔から唇を丸めながら〔aではなくoの母音を使う〕息を押し出すように歌で讃えられ、フランス語のノエルという言葉となってしまった。

復活祭に行われる聖職者や修道士の踊りは、ペロタと呼ばれていた。彼らは大聖堂の身廊の迷路模様の石床の上で、織物で出来た大玉を押し転がした。僧侶は左足を支えにして立ち、右足を前進させる。つまり、東方では支えとなる足を前に出す。そして、預言者ダビデのように『復活のいけにえに』(*Victiimi pascali laudes*)を歌いながら、太陽を敷石から敷石へと押しながら進めていった。

動物に関する映画では、対称性が動物間の対峙であるとき、その対峙はそれ自体がゆったりとした回転を生み出す。

決闘は捕食をめぐる一対一の闘いから生まれたが、中世ヨーロッパを通じてこの勝負は、春になると堰を切ったように、決闘のための若緑の草原でとめどなく行われる。

決闘のための若緑の草原は、そこで誰かが死ぬ場所であったが、やがて緑の芝のテニスコートとなり、誰かが負ける場所となった。

次いでこの決闘のための若緑の草原は、骨牌《オスレ》遊びやトランプのための緑の絨毯となった。ビストロには四二一《キャトル・ヴァンテアン》〔三つのサイコロを振り、4・2・1が出ると最高点となる遊戯〕で遊ぶために、今も変わらず三つの賽子が投げられる緑色の円盤がある。かつては芝生だったものだ。かつての草原は今ではすっかり姿形を変え、バーカウンターの隅でカウンターと同じ幅の円盤となって、世界中の至るところで息絶えず残っている。

闘技場の円形は、ヴェナティオ〔ローマの円形闘技場で行われた野生動物の狩猟スペクタクル〕、獣と人間の死闘の円形である。

古代劇場《アンフィテアトル》や悲劇における半円形は、英雄が犠牲となる舞台である。

教会や大聖堂で血の十字架が立つ身廊の半円のなかで、金色の格子によって信者と隔てられながら、神は瀕死になっている。そして隷属を求める十字架にいまだ磔にされたまま、三回刺されたところで――トリピュディアである――神に見捨てられたことからくる叫びを押し出す。

サドは、美には一つの顔しかないと書いている。喪失の顔しかないのだと。それは間違いなく、緊迫状況における動物の射竦めという反応である。美が姿を現すのはいつ何時も、それに見惚れる者の不動性においてである。死の瞬間こそが、美を神に捧げる（sacrum facere〔＝聖別する〕）。美とは、生きている状態が失われることだ。それは時間そのものを呆気にとり、身体が死んだことで一度は停止してしまった意識の集中を瞑想に変えてしまう。

生きていた人間の肉体の美しさ、容貌、輝きが、誰が見ているところで蘇る瞬間を、わたしたちは幻影と呼ぶ。

受難の翌日、マグダラのマリアの目の前で、ニコデモの庭の奥の、空《から》となった墓の前に神が現れる。三つの聖痕は五つとなっていて、信じられない者〔十二使徒のひとり聖トマス〕がそのなかに指を入れにやってくる。

この「死者の到来」こそが、最小のダンスなのだ。

この前に向けて指差す指が、最小の身振りなのである。

これほどまでに簡潔化された振付のリブレットは、ほかに見当たらない。

もうどこにも見当たらない遺体が、自然に囲まれた夜明けのみずみずしい光のなかで、生まれ変わる。

このときの神とは何なのか。それは、自分のことを土に埋めた鋤を手にした死者である。

聖テレジアによれば、幻影を見ているときにわたしたちが感じるのは甘美さであり、それこそが――トランス状態を引き起こし――畏怖をもたらす（ただしそれをもたらす精神が失われることはない）。

甘美さこそが、畏怖をもたらす。

畏怖をもたらすとは、こういう意味である。死の平穏が紙のように引き裂かれるが、苦悩はなく、その場から逃れたいという気持ちもまったくない。

イメージという言葉は、それが手に鋤を持った神を表すとき、《死から戻ってきた、生きているかのように見える人影、夜のうちに語りかけにやってくる髑髏》を意味する。ここでもまた、自然（わずかに残った自然、起源、楽園）が言葉で語ることを求めて、文化に闖入してくるのだ。

「あの庭師だわ！」

これはマグダラのマリアが、自分に向けてひそかに思っていることである。人類が〈園《その》〉を離れてだいぶ時間が経ってしまった。残っているのは、死から舞い戻ってきたあの〈園丁〉だけなのだ。


ニコデモの石は、能の橋がかりである。

そこに、〈舞い戻ってきたもの〉の〈影〉が進み出る。

そこでは、〈死面《イマーゴ》〉(髑髏)が、その仕掛けのなかで古代ローマ人たちを召喚する。


かくしてマグダラの聖マリアは、神を(過去には庭にいたにもかかわらず)認識していないし、死んだイエスをも(目の前で墓から出てきたにもかかわらず)認識していない。

畏怖をもたらす奇妙なダンスだが、恐怖に服従しているのではない。

畏怖をもたらす奇妙なダンスが踊られるのは、天国と地獄の間、血色のいい口と黒ずんだ口の間、上流と下流の間、渾々と湧く穢れなき泉と、生気を失った淀んだ水の間、東と西の間である。

男がひとり前へと、鋤を手にして歩み出すのは、いまや虚ろな墓の前、その空虚はまるで口の中の暗さのようにとらえどころがない。夜明けだ。

墓掘り人ではない。それは突っ立ったままの死体で、穴のあいた両足を交互に前へと進め、膝をあげて、女のほうに近づいていく。そして彼女に話しかけ、懇願し、自分には触れないようにとだけ要求する。

「女よ、わたしに触れてはいけません」、と男は女に向かって言う。

　これがダンスである。

「男よ、わたしを抱かないでください」、と女は男に向かって答える。（抱く直前で踏みとどまってください。触れたければ好きなだけ触れてください。でも性器は、外という空中で止めたままにしておいて下さい。）

　これがダンスである。

「出ていきなさい」、すべての母親がすべての子供に向かって言う。（これが世界である。彷徨である。死である。）

　死体から生まれた者が亡霊として再来する。

　それは、再−生者が再−来するダンスである。

　わたしが書き写した説教のなかで、聖テレジアは、もっと明確に述べている。卒倒という〈甘美さ〉の裏に隠されているのは恍惚感ですらなく、それをみずから思い描く人間が入り込む舞台そのものなのだと。舞い戻ってきた死者の「生命感ある至高の美」を目の前にすることは、畏怖をもたらす。外に−出る《エーモーション》ことは本当に、外に−立つ《エクスターズ》ことなのだ。だからこそ、死者は墓から飛び出すのである。

第十二章　ベルクハイムの庭の甘美な雌の黒猫

わたしは顔を上げる。目に映るのは、リビングのドアが開くところ。一切の音もなく。誰も入ってこない。きっと空気が木でできたドアを押したのだ。古い邸宅に取り憑くミステリーのひとつだと考えておこう。わたしは読書を再開するつもりで下を向いたが、床に雌猫の白くて荘厳な足があることに気づく。猫は少し前に進むと、立ち止まってわたしを見た。その口の中には小鳥が血を流している。

雀にはまだ息があった。猫の髭の横で羽がばたついている。

雌猫は、少し不安げな様子でこちらを見ている。

わたしは猫をじっと見つめる。眉間に皺を寄せる。そして、わたしの顔の特徴が表現できる最も辛辣な目つきのなかでも、できるだけ陰鬱な目つきを投げかけた。邪悪な目つきさえも投げかけた。

雌猫は尻込みしていたが、それほど重く受け止めたわけではない。猫は、心を決めたように頭《こうべ》を下げた。みずからに向けた眼差しが、より内向きになる。後悔よりも自尊心のほうが勝っているようだ。そしてふたたび、こちらのほうに近づいてきた。わたしは立ち上がった。そして猫がゆっくりと振り返るのと同時に、わたしは本に栞を滑り込ませ、テーブルに置き、猫のほうに近づくと、目の前で急ぐことなく外に出ていった。デュオのダンスのステップのように、一歩一歩が確実に遂行されていくその動きは、非常にゆっくりとしたリズムで、途切れなく動きつづけ、一切のぎこちなさを欠いていた。わたしがリビングのドアの前まで行くと、雌猫はすでに廊下にいて、大箱の周りを迂回していた。歩みのリズムを早めることなく、わが部屋の方向に向かっていく。わたしは急いで追い越し、猫が到着する前に寝室のドアを閉めた。しかし、雌猫はすでに背を向けて、厳粛な雰囲気で台所に向かっている。髭の下にいる鳥は、もう死んでいるようだ。わたしはリビングに戻ってひとりになるべくドアを締めきった。こんな生活がもうずっと続いているが、力を奪い取られる。

人工衛星のカメラが地球上に広がる海の上を飛行すると、赤道と北極・南極を結ぶ長大な海流が映り込んだ。往古《ジャディス》ではないにせよ、きわめて長時間にわたって、直径百キロメートルの小さな竜巻がいくつも、カメラを追いかけてきては巻き込もうとする。これらの竜巻は、一キロメートルの深さまで貫入し、垂直の円筒を形成する。海上に生まれた気流の渦は、互いに摩擦されることで引き伸ばし合い、幅十キロ・長さ百キロ以上の長い糸状のクモの巣のようなものと化して動きをさらに活発化させるが、その速さは時として、深さ三百メートルの地点では毎時百メートルにも達する。水平方向の波打つような動きが熱を分散させる。垂直方向の渦のような動きが、生命の鎖の最初の段階である塩や藻を表面へと浮上させる。

旋回、回転、輪転、楕円、この綴れ織り《タピスリー》は起源と関わっている。生命は、物質を追い求めて回転すること――核を中心とした円運動――からはじまった。生命体は、三つの特徴から定義される。すなわち、成長（体内での動きが、統合に次ぐ分裂によって生じる）、運動（外界での動きが運動性《モトウス》を定義し、内的世界での動きは情‐動を定義する）、そして生殖（死によって遂行される時間のなかの動き）である。

すべての生命は、他者によって存在する（ab alio）。現在はかつてに由来する。厚みや大きさは貪ることから生まれる。息子や娘は母親から生まれる、人間の世界にその他の方法はない。

雌猫は、五つの小さな半透明の青い袋を産んだ。

その日の真夜中、冷えた牛乳を飲みに階下に降りた。睡眠が中断されたときには、魂を悩ます夢を消し去るため、時々そうしているのだ。グラス一杯の牛乳を消化することの難しさ、重苦しさが、ずっしりと体に感じられると急な眠気に襲われ、あわよくば、イメージを不在にすることができる。

しかし、暖炉の近くから微かな鳴き声が、鼻息の荒い叫び声が、長くて奇妙な喉を鳴らす音が聞こえてきた。わたしは見に行った。夜はもう白みはじめていた。影の中にぼんやりとかたちが見える。雌猫はみずからの子供を一匹ずつ貪っていた。仔猫たちは叫ぶでもなく、ただ呻き声をあげていたが、母親のほうは彼らを生きたまま貪っていた。鳴き声はもう聞こえない。マットは血で真っ黒に染まっている。雌猫は疲れ切って眠ってしまった。わたしはベッドに戻った。そして母親のことを、母親の望んでいたことを考えていた。

第十三章　黒母

1　アンダーグラウンド

本が盗まれたマスペロの書店の「地－階」は、「地《アンダー》－下《グラウンド》」であった。

盗難によって閉店を余儀なくされた書店を呑み込んだのは、店としての成功に加えて、盗難を強要するイデオロギーの成功だった。その中心にあった「対抗文化《カウンター・カルチャー》」は、「地面」の下、「大地」の下、社会の再生産という凍り固まった地表の下、制度というニスを塗られた床の下のありとあらゆるものに目をつけ、煮えたぎるマグマのように上昇してきたのである〔編集者フランソワ・マスペロ（一九三二―二〇一五）が一九五七年にパリで開いた書店〈ラ・ジョワ・ドゥ・リール〉は、五月革命後にシチュアショニストによる「革命の盗み」を受け、一九七四年に閉店となった〕。

欲動は秩序の下から。
往古《ジャディス》は過去の下から。

地獄と業火の世界は現実世界の下から。

このようにして、初期のキリスト教徒たちは、西暦を迎えてから四世紀のあいだ、まだ帝政だったころのローマの地下墓地に身を隠し、戸惑うほどの「対抗勢力」を準備していた。

アンダーグラウンドという言葉が、第二次世界大戦後のアメリカで登場したとき、明示的なかたちで参照されたのが、ドイツ占領下のフランスのレジスタンスたちの生活だった。潜伏する彼らは、危険で、大胆不敵な影のような存在であり、原状（statu quo ante）を打破するべく、「占領当局」によって課された夜間外出禁止令《クーヴル・フー》を夜ごと燃やして歩いていた。

一九五七年から一九六三年まで、パリでビート・ジェネレーションの中心地となったのは、ジ＝ドゥ＝クール通り〔パリ六区〕である。

オランダでは、一九六一年にプロヴォ運動が生まれた。各地で次々とハプニング〔一九五〇年代末から一九六〇年代にかけて流行した偶然的な出来事を呈示する前衛的芸術運動〕も行われた。

日本では、東京で一九六二年に暗黒舞踏がはじまった（最初の暗闇のダンス、つまり暗黒舞踏が踊られたのは、一九六二年六月十日のことだった）〔土方は自身のスタジオ「アスベスト館」初のパフォーマンス公演『レダ三態』に際して初めて暗黒舞踏派と名乗った〕。

われわれは皆、隠された生という影の経験をもつ。

われわれは、母親の穴から外へと投げ落とされた。

〈母〉は、黒穴《ブラックホール》であり、爆発する穴、拒絶する穴、畏怖をもたらす穴である。

しかしそれでも、失われた容れものに、この真っ暗な穴に諾《ウィ》と言わなければならない。メドゥーサに、メディアに、諾《ウィ》と言わなければならない。

第二の世界では、母親の後ろにいる原初的な〈毒親〉に合意しなければならない。

狩人を拷問にかけてしまう、獅子、熊、竜を司る動物の〈女神〉と折衝しなければならない。

神々の母キュベレと残酷な狩猟の女神アルテミスが、コリントスにあるヘラ神殿のメディアと人類の強者アガウエの前に存在していた。

アガウエはキタイロン山〔ギリシア中央部に位置し、デュオニュソスを祀る。オイディプスが捨てられた〕で、みずからの手をもって、息子であるペンテウス王を八つ裂きにすることに深い快楽を感じた。

彼女たち全員を支配する、天空の奥深くにいる〈黒母〉の優位性を認めなければならない。

包み込み、身を委ね、最初の領土は完全に放棄されなければならない。包み込まれていたものは一人残らず、この見捨てられた状態に諾《ウィ》と言わなければならないし、この光の不在を乗り越えて、影の過去の住人は、沈黙に耐えて、時間の中で、空虚の中で、失われた外身《コントウナン》が他界から語りかけつづけることを受け入れなければならない。いまやこの新しい世界のなかでは立ったままの姿勢で、意識の外に立ち、何かの外に立ち、外へ出て、光を浴び、息をして、生命《プシュケ》を感じ、言葉を喋っているというのに。

立つという姿勢と、分節された最初の言葉は、同時に生じる。

他所の場所（他のどこか《イン・アリオーレ・ロコ》）から地上（太陽の、物理的な、空気中の、垂直的な、天から降り注ぐ、空からの）光へと。
この失われてしまった主権的な夜では、足を踏み鳴らしながら踊らなければならない。揺蕩い－歌い－狂喜し－回転しなければ、光の到来を呼び寄せるために叫び声をあげつづけなければ、往騰する〔jadir〕まで言葉を押し進めつづけなければ、生きた叫び声を（数年後に習得される）母語と響かせることができなくなってしまう。ましてや、この言語が白日の下で放棄された子宮の闇の内部で動物的な無言の生活を完全に送っていたことなど忘れてしまった身体と一体化した暁には。

鯉、岩魚、叺などの淡水魚から生を受けた。
緑色の水の中の鯊やブリーク〔コイ科の淡水魚〕。
白っぽい稚魚と青ざめた鱒。
胎児は、やがて小さな子供に。
二本の手を押し出す蝌蚪は、やがて空気中で大口を開ける蛙に。

2　畏怖は未知の感覚である

生誕における苦しみの叫び、乳児期、幼年期《インファンティア》、言葉を持たない時期〔aparlance〕、これらこそが苦悩の原テクストであり、言い換えれば、畏怖をもたらす享楽の胎児期における果実である。この叫びは、自分が耐え忍ぶべき異質なるものを予言している。畏怖とは、世界にある未知のものを認知することに他ならない。

触覚が暑さと寒さにまつわる感覚であるように、嗅覚が芳しきものと臭いものにまつわる感覚であるように、畏怖とは未知のものにまつわる感覚である。

3 幸災楽禍

人はいつも、復讐するために子供を確保しておく。

人はいつも、雌犬から雄犬を確保しておく。

幸災楽禍《シャーデンフロイデ》(Schadenfreude)とは、誰かの不幸を前にして感じる喜びのことを示す。

それは、死に果てた子供たちをイアソンが発見したことを想像するときのメディアの計り知れない喜びだ。子供たちの父親の眼前で、血に染まった真っ赤な両手で、ふたりの子供を見せる場面を絵に描くように想像してみるとき、彼女は自分に言い聞かせる。「あの人は、自分のことを引き裂くような、自分の腹を抉るような苦しみを経験することになるでしょう」

真っ直ぐに、彼女は立ったまま、膣口のあたりで剣を持ち、夢想しながら剣を持ち、心の奥底で、溌溂としながら、自分を捨てた男が感じるであろう苦しみを心踊らせながら想像する。

その父親は、彼女が愛した男の中の一部であるのに、追放されることになる。なぜなら、その恋人は、彼女が愛した男の中の一部であったのに、どこかに行ってしまうからだ。

アプシュルトス、メルメロス、ペレス、メディオス、この四人は犠牲となったメディアの家族の名前である。メディアはそれぞれに異なるダンスを踊る。まずは姉が弟を殺し、引き裂き、海に投げ捨て、ついで母親が十代の子供を切り刻み、さらにまだ幼い子供を切り刻み、最後に妊婦が剣で胎児を中絶させる。このように、メディアの殺す男の子には、四種類の可能性がある。

青年、少年、幼児、胎児。

すべての男性の状態を殺すことは、自分を妻であり母であるようにした男に対して、錯乱の苦しみを晴らすことにつながる。このように次々と子供を八つ裂きにしていくのは、ひとつの同じ身体で、少女であり、姉であり、女であり、妻であり、母であることで覚える悲しみに比例しているのである。


母親は、母乳や乳房を通して子供に貪られる。子供は、知らぬうちに父親に貪られる。反転があるのだ。対称性をもった悪夢が不安を掻き立てるのは、それがすぐ回帰してくるためである（被害者はみずから殺人者に反旗を翻す）。夢の幻影は偶然性をともなって反転し、幻影の現れは互いに前後関係が入れ替わる。この点で、わたしたちの思考はまず夢のようなものである。そしてこの点で、あらゆるダンスは思考する。つまりダンスは反転する。

対称化と反転を通じてこそ魂も肉体も、形づくられ、成長し、急に出現し、消滅してゆく。

（魂《プシュケー》もその通り思考する。関係の反転は瞑想の根源にあったものだ。シークエンスにおける要素の反転は、言語に先立つのである。このようなイメージの反転および逆転可能性はまず、夢という形式で生まれる（狩人が狩られ、水撒きが水を撒かれ、殺された動物が復讐を果たし、生き残った者が恨み、地の底から死者が湧き上がって報復をするといったように、ありとあらゆる行為の罪悪感が波のように反転して、知覚が望まなくても流れ込んでくる）。このように思考はかつて、反転する夢――いいかえれば引き潮、さらにいいかえれば罪悪感――のなかで力を獲得したのだった。罪悪感とは、捕食の秩序が突然逆転することに恐怖を感じながら行われる捕食である。魂は、生誕に取り憑かれている。従来の秩序が突然逆転すること、それが思考を悩みに陥れるもの。というのもそれこそが魂を動かしてきたものだからである。この世界に出ること。現状の下克上〔La revolutio du statu quo ante〕。）

4 メディアの受難

プルタルコスは、『英雄伝』第二十六章十節のなかで、テミストクレス〔紀元前五二〇年頃―四五五年頃、アテネをペルシャ戦争で勝利に導いた軍人・政治家〕がアテネを救ったのち、アテネ人たちから追放されたことを語っている。「われわれは、テミストクレスをあまりに愛しすぎている！」これが、市民議会が追放を決議したときの言葉である。この指揮官は、暴君となる可能性をもって都市国家を脅かしたのである。

このときのアテネはメディアそのものだ――なぜなら、息子たちのなかで最も素晴らしい者を城壁の外へ追放するのだから。アテネは、みずからが愛する者を死刑に処すのだ。

ギリシアを追放されたテミストクレスは、家族全員を連れて避難した。最初はアルゴスのアドメア王のもとへ、次いでペルシアのアルタクセルクセスの宮廷へと。アルタクセルクセスは、かれを近くに置いておくため金をふんだんに与えたのだった。

ペルシアの宮廷に到着したときのテミストクレスの言葉の驚くべき美しさは今でも心に響く。テミストクレスは自分の子供たちにこう告げるのだ。

「わが子たちよ、もし当時わたしたちがすべてを失っていなかったら、いまどれほどのものを失っていただろう」(O paides, apôlometha an ei mè apôlomentha.)

メディアは、歴史の工場である。

あらゆる国家はメディアなのだ。

「行こう、祖国の子らよ、栄光の日が来た!」という革命歌〔フランスの国家「ラ・マルセイエーズ」〕の冒頭の二行でいえば、メディアは栄光の日である。

タキトゥスは『同時代史』〔一〇五年〕のなかで、エルサレム陥落〔七〇年〕を「セネカの『メディア』に登場する子供たちの褒美の餌肉」として紹介している。

リトル・ボーイ(小さな少年)は、〈母〉(アメリカ社会)が広島の民間人に投下した爆弾の名であるが、それは日本帝国が太平洋の米国艦隊に向けて、二度と戻ってこられない、身の毛もよだつような方法で、木製の小さな飛行機を使って放たれる「子供爆弾」に終止符を打つという「朗報」

をもたらすものであった。

どの国も、思春期を迎えるころの最も若く、最も美しい子供たちを犠牲にすることに余念がない。どの国も、このような殺害を美辞麗句で飾り立てている。〈母国〉は、殺された若い犠牲者たちを、記念碑、彫刻、凱旋門のなかで崇めている。そして、彼らを軍の行進に引き連れ、国家行事で称え、称号を与えるのだが〔フランスでは法律に基づいて死者の市民権には「フランスのための死者」という称号が名誉として与えられる〕、隊列、式典、花火、松明行進《トーチライトパレード》を行う祝日には必ずダンスが伴っている。

このバッケー〔酒神デュオニュソスの女性信徒〕は、若い同志たちに向かって情熱的に宣言する。「チュルソス〔生と生殖力を象徴するデュオニュソスの杖。葡萄の葉や蔦が巻かれている〕に身を預けて、その蔦を顔に巻き付け、両肩には鹿、牛、ロバといった最も性欲の強い動物の皮を身につけ、狂いなさい、トランスしなさい、筆舌には尽くし難い残酷な酔いという人間性の盲点に身を委ねなさい。言語が世界を照らそうとした瞬間から、その奥底に映し出される不透明な夜に身投げしなさい。起源の餌肉まで行きなさい。膝をついて、腹這いになって、流血を直に音を立てて啜りなさい。それは、あなたの身体も血に則って再生産している社会の中心にあるものなのです」

5　さまざまなメディア

ローマには、少なくとも完全な状態では、卓抜したセネカのメディアしか残らなかった。

エンニウス〔作家（紀元前二三九―一六九）〕のメディアも、パックヴィウス〔悲劇詩人（紀元前二二〇―一三〇）〕のメディアも、アクシウスス〔悲劇詩人（紀元前一七〇―八五年頃）〕のメディアも、ウァロ〔学者・著述家（紀元前一一六―二七）〕のメディアも、オウィディウス〔詩人（紀元前四三―紀元後一七）〕のメディアも、わずかな断片が残っているにすぎない。

ギリシアのメディアは、ディオニュソスの行列と山羊の歌《トラジェディ》〔神々を称えるため歌を競い合い、勝者には山羊が贈られた。のちにディオニュソス祭で悲劇三部作が上演されるようになると、この語は「悲劇」を指すようになった〕の儀式を直接的に受け継いでいる。真のギリシアのメディアとは、エウリピデスにおける女王アガウエであり、彼女はキタイロン山で、息子の切断された首を胸に強く抱きしめる。

古代ローマのメディアは、ローマの歴史を築いた女王ディードー〔カルタゴを建国したと伝えられている伝説上の女王〕を予告しているという特異な点がある。彼女とバッコスの関連性は、ヴィーナスに比べれば、はるかに低い。ヴィーナスはみずからの神殿のなかで立ったままで、アイネイアース〔女神アフロディーテ（ヴィーナス）の息子である半神の英雄〕の運命と帝国の指導者を継ぐ者たちの運命に対し、永遠に不幸をもたらすディードーに付き添っている。彼女はローマの基礎を内戦と夜に運命づける。メディアはセネカの戯曲では、男たちすべての顔を覆う血に陶酔し、ローマを焼き尽くして炎を見て喜ぶ皇帝ネロになりきっている。

残虐なメディア〔Medea ferox〕、とホラティウスは歌う。

野卑なメディア〔Barbara Medea〕、とウァロは書く。

メディアは気がふれている以上に――錯乱している以上に――野卑なのだ（太古の世界で「野卑《バルバーラ》」が意味するのは、獣のように吼えるだけの非人間な言語を持つ者である）。まるで、自分の子供たちを不可解にも食い荒らしている雌の虎のような。

魔女《サーガ》（女呪術師）メディア、とマダウロスのアプレイウス〔北アフリカ出身の弁論作家（紀元前一二三頃—?）〕は書いている。魔術師メディア〔Maga Medea〕、女魔術師（女シャーマン）メディア、とオウィディウスは書いている。オウィディウスの失われた戯曲で残っているのは、次の一編の素晴らしい詩だけである——Feror huc, illuc, ut plena deo.（わたしは運ばれていく、あれも、これも、神に満ちているように）

セネカのメディアが問いかけるのは、このような幸福に関する問いである。いったいどうして、他の誰よりも憎たらしい人間を、最もおぞましい方法で苦しめることが、途方もない喜びを生み出すのか。

希望をもてない人間は、希望すらしない。希望すらしない人間は、何にも絶望することがない。これがメディアの最も深い知見である。これこそまさに、セネカが彼女に語らしめていることだ。この奇妙な知見を裏付けている点では、セネカはフロイトと同様である。つまり〈テュポン〉〔ギリシア神話に登場する最強の怪物〕。無意識である。セネカの戯曲に登場するメディアの定理は次の通りである。Qui non potest sperare, desperet nihil.（希望をもたない者は、何にも絶望することがない。）

追放され、嘆願され、孤独になり、見捨てられ、打ちひしがれ〔セネカ『メディア』におけるメディアの台詞の一部〕、メディアはすべてを生き抜く。希望の不在は、打ち壊すことができない。セネカでは、メディアが自分に三人称を使っている。Sum Medea. わたしはメディア。Medea superest. メディアはすべてに立ち止まる。あらゆる生殖活動を司るのは、母親たちの徹底して－立ち止まる〔per-sistante〕力である。これは、外の－上に－立つ存在〔super-ek-sistante〕である。不合理な執着＝上に立つこと〔super-stitiosa〕である。彼女は永遠の〈母〉であり、永遠に脅威であり、すべての境界線上で、すべてを消滅させ、同時にすべてを出現させる存在なのだ。

メディアの伝達不能性の核は、セネカの詩九九一行に言及されている voluptas magna（大いなる喜び）である。性的な官能は、両性のうち一方では際限がなく、どこまでも膨らみつづける恐れがある。この大いなる喜びは、人間の生殖を完全に網羅した連鎖――性交・出産・死――のすべてを覆い尽くすことに求められる。性的な喜びは、こんなふうに上下に振幅する。そしてテイレシアス〔ギリシア神話に登場する盲目の預言者で、ゼウスとヘラに女性の快楽の大きさを語った〕が明かした秘密とは、「広大な喜びに、男たちには到達することができない。なぜなら、至高の官能性とは女性に関わるもので、かつ継続的なもの以外にないからである」というものだった（男を楽しみ、かれとの間にできた子供を産み、生まれたものを死に引きずり込み、母が欲望するいつまでも変わらぬ顔を、つまり赤子が母親に求める顔を再生するのだ）。この回路は、女性特有のものである。男には、自分が壊したものを再び生み出すことができない。だから男の官能性は何も生まないのである。（男性における性的快楽は、その身体に「生の疲労」

しか生み出されない。言い換えればそれは、生の嫌悪として、死の再生産としての生である。）

6　演劇の秘密

ギリシア世界の魔術師テイレシアスは、女性の快楽の優位性を明らかにするだけでなく、演劇の秘密についても語っている。それが「何の利益ももたらさない、おそろしい知見である」のだと。人間どうしが一緒にいることは、人間が人間となる前には、野生的なことだった。人間になってもなお、人間は野生のままでありつづけている。人類は、たえず死に追いやられながらも、次に生まれた者たちが際限なく同じことをしつづけるという光景を好む。母親は、戦争を使って子供を殺す。社会（社会的再生産）とは、死の願望であり、支配の光景であり、支配者による被支配者の裁き、拷問、評価、合理化、番号化、消滅である。社会とは、〈国家〉、戦争、〈歴史〉である。このことは、悲劇第一作である『テーバイ攻めの七将』で、アイスキュロスが語っている。文化＝耕作とは、死んだ息子たちを土のなかに植えることなのだと。

母親と娘の関係は、破滅。

母親と息子の関係は、殺戮。

大昔、コルフ島〔アドリア海湾口に浮かぶギリシアの島で、要衝として歴史上しばしば争奪の舞台となった〕は、コルキュラと呼ばれていた。それまで、大昔の源流、往古《ジャディス》では、コルキュラはマクリス（Makris）と呼ばれていた。孤児で、火傷を負った、孤独だった幼少期のディオニュソスが、アリスタイオス〔ギリシア神話の神。疫病を鎮めた恩によりコルフ島では信仰の対象となった〕に育てられていたのが、この島の洞窟だった。

最初にメディアが男の裸を見たのは、マクリスの洞窟の暗がりのなかだった。メディアが、両腕を後ろに回してイアソンから初めて挿入されたのもまたこの洞窟だった。

最期に〔メディアが男の裸を見たのは〕、〈冥府〉においてであり、そこで彼女はアキレウスの影と一体となる。

舞踊が（宗教的行列が）行われていた古代の空間は、単純なものだった。（一）ヤギが生贄として捧げられていたディオニュソスの祭壇。（二）生贄の祭壇の周囲の、行進、行列、舞踊を行うために均されて整えられた空間は、オルケストラと呼ばれた。（三）オルケストラの後方には、（衣装や仮面を）着替えるための小屋があり、スケーネー〔舞台や場面を意味するフランス語の「セーヌ」や英語の「シーン」の語源〕と名づけられていた。時代が下って、舞台裏《スケーネー》に（自　己《アイデンティティ》の交換が行われる着替え小屋に）付け加わったのは、（四）メカーネー（神々が天から降りるためのクレーン）と、（五）（英雄の死を観客に見せつけるために）舞台裏から出てくる「車輪付きの台」のようなものである。

唯一の主人公《プロタゴニスト》は、衆目を浴びながら舞台裏の前へと歩み出る。ほかに役者はひとりもいない。かれは、創作した台詞をみずから読み上げる詩人であった。

この詩人（かれが「前に出る役者《プロタゴニスト》」と呼ばれていたのはこういう理由だった）のほうを向いて動き回っていたのが、舞踊団たちのコロスである。彼らはオルケストラの上で、歩き回ったり、詩人の発言について考えたり、ときには真似をしたり、反対意見を表明したり、情動《エモーション》を踊りで表現したりしていた。

そこに突然、舞台裏から出てきた伝令が現れる。かれは、プロタゴニストと合唱隊《コロス》に、舞台裏のなかで起こったことを伝えにやってくる。この伝令は、エクサンゲロスと呼ばれていたが、逐語的に言うならば、内で（舞台裏の内部で）起こることを外で（オルケストラの上で）話しにやってくる者ということである。

アテナイ人たちのデュオニュソス的な祭儀に固有の古代悲劇においては、中心的、焦点的、可視的な一点が、不可視の場面と背中合わせとなっている。見ている者たちの注意は、可視的な一点の後ろで起きていることに集約される。演劇《テアトロン》とは、目に見える岸辺について考えを巡らせることである。そこでは人が並び、踊られ、歌われ、話されているが、舞台奥のさらに向こう側には、隠され、目には見えない岸辺（舞台裏という交換、変化、変身、仮面、衣装の不可視の部屋）が控えている。

クセノフォンの『饗宴』は、アリアドネとディオニュソスの踊りで終わる。この身体演技《パントマイム》は、クセノフォンによって極めて正確に記述されており、ローマ時代の洞窟画と群を抜いて合致している。視覚イメージはない。踊りが行われるのは、性交の直前の瞬間である。性交は、舞台裏《スケーネー》で行われる。

仮面や衣装替えの行われる小屋は、まさに不可視の「場面＝舞台」である。そこは、人間たちがべつの人間に置き換わる場所だ。

古代の原光景《ウルツエーヌ》とはすなわち、悲劇の舞台《スケーネー》なのである。

したがって、ギリシア語の「演劇」という言葉が意味するのは、まさしく舞台の「前方」で「見る」ことなのだ。舞台の「内部」では見る（theaomai）ことができないものを見る（theatron）ことを可能にするところ。しかし、ギリシア人たちが三百年前に好んで「山羊の歌」（トラゴーディア）と呼んでいたものに、ローマ人たちは、紀元前二四〇年に、「場面遊戯」（ludi scaenici）と名付けたのだった。

紀元前二四〇年、ローマの行政官は、ギリシアの俳優アンドロニコスを重用して、初めてのラテン語による演劇上演を街中で開催した。この公演に彼らが付けた名前が、場面遊戯という――カード遊びについて語るがごとき命名だったのだ。当時のアンドロニコスは、リウィウス・アンドロニカスと名乗っていた。ティトゥス・リウィウス〔紀元前五九年頃―一七年、古代ローマの歴史家〕の『ローマ建国史』第七巻第二章が認めるところによれば、史実として、この「場面＝舞台」遊戯が先取りとして紀元前三六一年に行われており、それはペストの大流行に対抗するためのものだったという。ローマ人たちは、「邪悪な悪魔を追い払うために、エトルリアの神聖な無言の踊り」に救済を求めたのである。兵役義務のある若いローマ人たちが、これらの異国の魔術的なダンスに、即興による非常に淫靡でリズミカルな言葉を付け加えて、パロディ化したのかもしれない。これが「フェスケンニア」の歌である（この歌が讃えるファスキヌスは、その豊穣さをもって傷だらけの人生を退け、あるいは死の脅威を抑圧する）。このフェスケンニアの遊びに続いて、本格的なミモス劇〔紀元前五世紀のギリシアで生まれた身ぶり中心の劇〕の役者が、猥雑な歌を織り交ぜた淫靡な踊りのパロディを披露してみせたのである。彼らは、ラテン語でヒストリオーネ〔histrione〕という名を受けたが、これはエトルリア語のhisterに由来する。太鼓に合わせて行進し、笛の音によって先導される踊り手たちはみな、革でつくられた男根を、腰に据え結えて、下っ腹に屹立させていた。この遊戯はサトゥラーエ〔saturae〕と呼ばれていたが、それ以前だと、行進‐仮装行列‐儀式は、ポンパ〔pompa〕と呼ばれていた。淫靡な踊りと賛美歌の連結に断片をまとめあげるための筋が与えられることになったのは、紀元前二四〇年のリウィウス・アンドロニカスが登場してからである。そのあと、何度も呼び戻されては賛美歌を何曲も歌わなければならなかったリウィウスは、あるとき声を潰してしまった。そこでかれは、役割を二つに増やすことを思いついた。つまり、言葉を発しない役者が、拡声器のような歌い手によって語られる動作《アクシオン》を真似するのである。仮面、ペルソナという言葉は、エトルリア語のphersuに由来しているが、これはとある遊びの張本人（行為者《アクトゥール》）であった。しかしこの遊びはあまりに残酷で、ほとんどの場合は、仮面をつけられたり、目をつぶされたり、鎖につながれた男が、飢えた狼（ないしは凶暴な野犬）に食い殺されて終わるというものだった。この遊び（lusus）は、死という「場面」をもつ葬送の見世物なのであった。

そして紀元前一八六年、ローマ人たちは血生臭い乱痴気騒《バッカナール》ぎを禁止するに至った。ギリシア人が何世紀にもわたってディオニュソスの芸術家《テクニタイ》（hoi technitai tou Dionysou）と呼んでいた踊り手たちを、ローマ人は当時、かつて自分たちがパロディ化した「場面」遊戯を根拠として無言役者（ヒストリオーネ）と呼び慣わした。ローマ人の口から初めてアクトール〔actor〕という言葉が出てきたとき、それが意味していたのは、舞台監督－演出家－台本購入者である。事実として、台本を買う者には主役級の役者が多かった。人々は彼らのことを「最初の俳優〔histrio alpha〕」とも呼んでいた。

彼らがアクトールと呼ばれていた理由は、actus est〔＝行われた〕だった。Acta est fabula. 物語は終わった〔古代ローマの劇場において公演の終了と観客の退出を告げる言葉〕。芝居は行われた。上演は終了した。この最後の言葉によってこそ役者は役者となるのである。

スカエナエ・フロンス（「舞台の正面」）〔古代ギリシア・ローマの劇場における舞台背後の壁〕は、舞台装置の果てを示す。スカエナエ・フロンスの前には、プロスカエニウムが伸びている。プロスカエニウムとは、役者が演技や歌を披露するための一段高くなった舞台のことである。舞台上にはつねに最低でも三人いた。音楽家（笛の奏者）、カントール（歌手）、ヒストリオ（マイム役者）。

これこそ、わたしが『メディア』のために取り戻したいと思った構造である。

ローマでは、「マキーナ・トラクトリア〔machina tractoria〕」がクレーン代わりとなり、装置や神々を下ろすのに使われた。「マキーナ・トラクトリア」、これは現代でいえば劇場の「バトン」に当たる。「マキーナ・トラクトリア」が出現させるのは、終幕《アド・フィネム》である。いわゆる「上演の山場」だ。華々しいフィナーレ〔原語のapothéoseはギリシア語の「神格化する」を語源とする〕。太陽に向かって荷車で連れ去られるメディア。馬車から海へと投げ込まれるイポリット〔フェードルの義理の息子。海神ポセイドーンによって殺される〕。

ローマ人たちは、三つの王国《トリア・レーニャ》があると言っていた。星界《シデラ》と冥界《マネス》と波界《ウンダス》。これもまた、シャーマニズムの純然たる名残のひとつである。「マキーナ・トラクトリア」は、来世に連れ去られた魂を探しに行くシャーマンの天空の旅のわずかに残った一部であった。

ニーチェは一八七〇年、普仏戦争のあいだメッスに身を置いている。かれは、衛生兵をしている。そして灯油ランプの明かりを頼りにしながら、宿営地で悲劇の起源についての文章を書く〔『悲劇の誕生』の出版は一八七二年〕。制服を着用したまま。口の上には黒々とした小さな髭を生やしたまま。ニーチェは、フランスとプロイセン、光と夜、アポロンとディオニュソス、節操と無節操、分割と不分割、表象《フォーシュテルン》と意志《ヴェラ》、個人化と融合、第二の世界と最初の世界、大地と水、青年と母親、芸術と自然などを、ありえないほどの勢いで衝突させていく。

起源にある劇場〔古代ギリシア〕では、事件《アクシオン》（ドラマ）を見せることはない。言葉は、ダンスでは見ることのできない場面を語るために用いられた。ロゴスは、舞台裏《スケーネー》の内部で起こったことを表舞台《オルケストラ》に移し変えていたのである。

まるで、誕生のごとく。

実例は以下のとおり。（一）錯乱したオイディプス王は舞台裏に戻る。（二）そこから伝令が出てきて、主人公がみずから目をくりぬいたこと、イオカステーが首を吊ったことを合唱隊に告げる。（三）コロスは、表舞台で苦しみに耐えながら踊りつづける。（四）盲目となったオイディプスは、流血する目の新しい仮面をつけて叫びながら舞台裏からで出てくると、自分を呪う言葉を吐く。（五）首を吊ったイオカステーの遺体が、死を悼む叫び声とともに、車輪付きの台座に引っ張られて舞台に現れる。

7 ギリシア - ローマ世界

演劇的《テアトラル》なものと見世物的《スペクタキュレール》なものは対比しなければならない。山羊を讃える十代の息子たちと、直接的に母親の乳を吸う雌狼の娘たちを対比させなければならない。アテネとローマを対比しなければならない。

アテネ。

エウリピデスが描くバッコスの信女からなる合唱隊は、乱舞することこそ神が人類に与えた最大の贈り物であると断言する。というのも、ディオニュソスの信奉者にとって、バッコス祭は魂と肉体を「わかちあう」機会となるからだ。

ダンスを通じて身体が、合唱を通じて呼吸が、犠牲の宴を通じて血が、秘儀を通じて性が、おのずから手に手を取り合う。

バッコス祭では、女たちが野獣に扮して山に赴き、バッコスの葡萄酒に酔い、踊り狂い、集団の中で最年少の男、場合によっては都市の王を選んで、地面から引き離し、命あるまま八つ裂きにして、その肉を生で食べる。最後には、酩酊して、満たされて、高揚して、地面に倒れ込む。

ディオニュソス祭のあいだ、男たちは女に変装して、葡萄の実の発酵を司る〈神〉の美酒に酔い、慎みなく衣服の裾をまくりあげて、能う限り淫らに踊り狂う。その中心にある巨大な男根を、変身の大神ディオニュソスの神殿へと、儀式として運ぶのが彼らだった。

ローマ。

ローマの闘技場《アリーナ》では、もはや神さえおらず、言語や浄化さえ問題にならず、権化さえいない。神話もなく、ダンスもなく、儀式もない。一切の媒介もなく、死の遊戯が市民たちの目の前で、闘技場の白い――赤色を際立たせるために白い――砂の上で行われる。メディアの神話のなかで母子の関係が逆転しているのと同様に、ローマの舞台では悲劇的な関係が逆転している。そこでは、母親に子供たちが刺し殺されるのではなく、人間たちが獣に食い殺されるのだ。

ギリシア人の理想的なエイドス〔＝形相〕とローマ人の残酷で生々しいイマーゴ〔＝像〕との間に関連性がないのは、アテネの民主主義社会における「演劇」の発明と、共和政末期から帝政にかけてのローマの闘技場における「遊戯」(lusi)のスペクタクルとの間に一貫性がないのと同じことである。（とはいえ、獲物の方が狩人を血まみれにして殺すという見世物的な趣向は、ギリシア人が考えていた悲劇——祭壇で喉を掻き切られた山羊の歌——声変わりの時期の少年が去勢され引き裂かれ、バッコスの信女たちに咀嚼、嚥下されること——とを反転させたものだ。ローマの「見世物」を理解するには、エトルリアに固有な葬送の「遊び」のことを考えなければならない。そこでは、鎖に繋がれ、頭巾や「狼」の皮で目隠しされ、裸で狼の歯牙に差し出された人間を見ることは、「狼の群れ」に寄り集まった人々にとってこの上ない喜びであった。男は、食われるまいと必死に身を守りながらも、自分たちの狩りを手伝う犬の祖先にあたる狼たちは、男を制圧して生のまま食い殺してしまうのだった。）

8　ヴェーダの世界

あの輝かしき『リグ・ヴェーダ』〔古代インドの聖典「ヴェーダ」のひとつ。一〇二八篇の讃歌から構成される〕は、このような前代未聞の一節ではじまる。「聞きなさい、聞かされているあなたよ！」

御言葉はどこで聞こえるのか。御言葉が聞こえてくるのは、詩のなかである。

人間が芸術の核心に触れるということ。それは、言語そのものの内部における現実態の回帰現象である。

今度はあなたが耳を傾ける番、われわれの中で語るあなたが。

死における弓なり緊張は、誕生の弓なり緊張を通じて反り返るが、それによって起源的性交における射精の弓なり緊張が反転する。もう少し詳しく語ろう。源流にあるヴェーダ神話を取り上げれば十分である。女神たる〈言葉〉〔『リグ・ヴェーダ』時代には、言葉およびその背後に潜む力は原理とされ、女神として賛歌が捧げられた〕が、最終的には人間を近くに招き入れたとしても、それは二つ目の段階にすぎない。起源における〈言葉〉（サンスクリット語ではヴァーチュ）の最初の行動は、人類を沈黙のなかに浸からせておくことだった。人類は起源的に、〈御言葉〉を待ちつづける宿命にあったのだ。最初の人間は、言葉を《イン》－話せない《ファンス》ことが宿命づけられていた。〈偉大なる雌牛言語〉、〈言葉〉、〈御言葉〉、〈啓示〉は、人間を聞く存在へと——（母胎の子宮内にいる胎児の状態のような）受動的な聴覚へと——限定していたのだ。

その証拠に、女神たる〈言葉〉の最初の行動は、〈森〉のダンス－音楽に加わることだった。〈偉大なる雌牛言語〉は、木々のなかで遊ぶことや、〈天〉に向かって伸びつづける枝々の無限の美しさ、高さ、壮大さ、緑、豊かさの中を歩き回ることを非常に好んでいたのである。しかし、ヴァーチュが木々に向かって、最も艶かしい動作を、最も一途なまなざしを、最も魅惑的な腕の動きを、最も奥ゆかしい手指や手首の動きを投げかけ、自身の輪舞《ロンド》のなかに招き入れようとしても、木々は一切動じなかった。〈言葉〉は、そのことを恨めしく思ったのである。そして、人間のほうに踵を返して身を委ねると、その肉体を荒々しく楽しみ、精液をごくりと飲み込んだあと、ぬるっと、精液の絞り出されたペニスを吐き出し、後ろへと身を投げた。ぬるっと、女神ヴァーチュは後ろに下がり、彼女は踊り出したのである。前に飛んだ精液がまだ滴っている男の性器を、膣口からそれもどろっと後ろに吐き出し、彼女はすっくと立ち、そして回転することが大好きだった彼女は、〈牛〉

から〈獅子〉となって、手の届く範囲にあるものをすべて破壊し尽くした。巨大な星が、その周りに引き寄せられるように存在するすべてを食い尽くしたのである。


言葉の女神ヴァーチュは、驚異の獅子となった。咆哮しながら食い尽くす女神に。

言語＝舌《ラング》は、名前をつけることで存在者を食い尽くす。

サンスクリット語の世界では、人間は〈他者〉の食べ残ししか食べてはならぬという。人間たちは、犠牲的な贈与によって〈他者〉が満腹になったあとでしか食べることができない。まずは犠牲＝生贄を捧げる人に食べ物を与える。食べ物を与える女に、食べ物を与えるのだ。

「〈母〉に食べ物を与える」、これは生贄である。

生贄は、〈失われた母体〉（la Perdue）から神（偶像）を生み出すが、これと同様に息子たちにとっての食べ残し（饗宴）を生み出す。

息子は懇願する。

「ぼくを食べてください、メディア、いまやあなたがぼくを切り刻んで、すべての物事はそれぞれが別々の、互いに異なる言葉に分かれてしまったのですから」

ヴェーダ神話では、創造神（プラジャーパティ）が心《マナス》〔『リグ・ヴェーダ』では不滅の霊魂を意味する〕となるために〈言葉〉の女神ヴァーチュと交わるとき、ふたりを合体させる四度の性交の途上で、かれは八滴、次いで一滴、十二滴、そして四滴を作り出した。

これが精液の秩序であり、そのリズムの秩序である。

しかし、アグニ〔『リグ・ヴェーダ』で最初に名前が呼ばれ、冒頭で讃歌が捧げられるインド神話の火神〕は生まれた時、空腹だったために、大きく口を開けて父親を見ていた。神を見ているその様子は、まるで赤ん坊が父親を食い殺さんとしているかのようだった。創造主は自分の子供の大きく開いた口に恐怖を感じた。そして、偉大な父親は突然、偉大さを失ってしまった。

空腹や産声で「大きく開いた口」が、神を圧倒してしまった――かれは肉体を通じて脅威を感じた――そして、かれが沈黙することによって、その神性は突然、消え失せてしまった。

沈黙は、サンスクリット語でマウナ〔mauna〕という。

マウナ（沈黙）という言葉の語源は、マヌーテ（考える）である。サンスクリット語において、瞑想《メディテ》とは「声をこらえること」（Vacam yam）を意味する。声をこらえるとは、喋りはじめるとすぐに創造する女神を、身体の奥底で抑え込むということ。というのも言葉を発するやいなや、彼女は創造したての世界を言葉によって生贄として切り刻み、言い換えれば、唯一の〈存在〉を無数の断片に区別して（世界のすべての物事を別々のものとして名指せるように引き裂いて）、純粋言語（サムスクリッタ、サンスクリット）を創造することで、食い尽くしてしまうからである〔サンスクリットとは、「浄化・洗練・完成された」言語を意味する〕。

第十四章　アルゴー船員ゼテス

1　溢れるような喜び

驚いたことに、大いなる喜びがわたしの中に生まれ、ますます溢れていった。*Voluptas magna*〔溢れるような喜び〕がわたしを襲い、さらに大きくなった。悦楽がわたしのなかに生まれ、わたしを突き動かしただけでなく、その悦楽が大きくなった。セネカが描くメディアは血の復讐に怒り狂う猛烈な（神聖な、至高の）大いなる喜びである。それはイシュタル〔メソポタミア神話における愛と戦争の女神。『ギルガメシュ叙事詩』ではその愛を拒んだギルガメシュを復讐心から殺そうとする〕だ。人生のなかで遭遇するあらゆる問題に、メディアはすぐさま死で応える。Mecum omnia abeant.（わたしとともにすべてが滅びるのです。）彼女《メディア》にとっての「医薬《メドウシーヌ》」は死だ。セネカがミモス劇を作ったとき、彼にとってメディアは皇帝ネロだった。「Medea nunc sum〔いまのわたしがメディアなのだ〕」とは「いまわたしは〈悪〉そのものになった」という意味だ。ローマの闘技場《アリーナ》にふさわしいローマ時代のメディアとは、血気盛んな若々しい人間の戦いの背後にある、原初のものだ。Ut tigris〔母虎のような〕。獣のような。Impetus et antiquus vigor. 古《いにしえ》からの激しい衝動。Noctis aeternae chaos. 永遠の闇の〈混沌〉。

2　獣のからっぽの腹

からっぽの、中身のない、暗闇の腹とは、悪魔のような飢えのこと。

満たされるとは、腹の中に子を宿すこと。

子を産む、それはすでに復讐だ。マイム劇がはじまるやメディアは力いっぱい次のように告げた。「わたしの復讐はすでに生まれてきた、わたしは子を産んだのだ」。Jam parta ultio est : peperi. その台詞でメディアが言いたかったのは、お前〔メディア〕を捨てた人間〔イアソン〕が与える苦しみと、ますます耐えがたくなる身体をうがつ激しい空腹とは同種のものだ、ということだ。どちらも身体の中の同じ空洞だ。そこからメディアが直接引き出した結論。「臓物の賜物」が嫉妬による「腹の底から湧き起こる苦しみ」を帳消しにするだろう。この内臓の運動――メディアの母胎――は、溢れるような喜びを秘する。この運動はパントマイムの終わりで絶頂に達する。一〇一三行目にはこうある。Scrutabor ense viscera（わたしは剣を手に臓腑の中を探り）et ferro extrahum（小刀でえぐり出してやろう）子供を、種を。

3　ピネウスの飽くなき空腹

セネカの『メディア』七八二行目、ゼテスに関する不思議な文章。メディアが自分の「薬」（王女クレウーサを殺すための毒薬）を調合しているとき、セネカはメディアが左手しか使おうとしないと描いた。メディアは、不吉な手で、死をもたらす薬を一枚一枚集め、それを混ぜ合わせ、不幸をもたらす手にいつも握っていたナイフで潰して粉にした。メディアが死の調合を終えようとした時、鍋の中の毒薬をかきまぜるためメディアは、「ハルピュイアがかつてゼテスから逃がれた時に洞穴の奥底に残していった羽根」をいつものように左手の指にしっかりと握って使った、とセネカは記述している。

セネカ『メディア』七八二行目は、アポローニオス『アルゴナウティカ』二巻一六四行目を参照している。場面は次のとおり。船員たちは月桂樹の苗でできた縄を外し始めた。アルゴー船員は再び出発した。海岸から離れるとすぐに、山のように高い波が突如として彼らの前に立ちはだかった。嵐が船をとらえ、持ち上げ、航路を逸らせた。こうして彼らは気づかないうちにメディアのいるほうに向かっていた。アルゴー船はまず風に翻弄されヨーロッパの海岸に打ちあげられた。それから、ピネウスの王国の海岸に座礁した。ポセイドンの息子であるピネウスは盲いたる王である。盲目であるために、預言の能力を授けられた。しかし神々は彼を呪った。目の前に食事の準備がなされ、求めていた食事が出されると、王ピネウスはその食事に手を伸ばした。その度ごとに、半身が女で半身が鳥のハルピュイアたちが、王が口に運ぶ料理に襲いかかり、その口先でできるかぎり咥え去った。残った料理には小便をかけたり、糞を落とした。宴会の低い食卓はすぐに水たまりのようになり、たえがたい悪臭を放った。嵐のせいで航路を見失ったアルゴー船員たちは、ピネウスに自分たちの旅の行く末を預言してもらいたいと頼んだ。王ピネウスは、イアソンの統率する船乗りたちが自分を迫害する女鳥どもを追い払ってくれるなら、預言してもよいと言った。イアソンは王ピネウスに言った。

「食卓に座りなさい」

食事が出される。

ハルピュイアたちが飛びかかってくる。

そこでイアソンはゼテスに合図を送った。ゼテスは空に飛び立った。〈風〉の子ゼテスは刀を鞘から抜き、刃を光らせながら卓上でふりかざし、ハルピュイアに襲いかかった。ハルピュイアたちは飛び去ったが、ゼテスは一匹残らず追跡した。一匹ずつ追いかけて、攻撃し、一匹また一匹と切り裂いたのだった。ゼテスが〈地獄〉から戻ってくると、彼の体はハルピュイアの体から半分むしりとられた羽根で覆われていた。ゼテスが戻ると、宴の部屋では、ピネウスが信じがたい食欲で給仕される食事を食べ続けたのだった。ひとたび空腹が満たされると、王は預言を告げた。メディアの助けによって黄金の羊毛が手に入るだろう、と。

（ハルピュイアの翼からもぎとった羽根をゼテスはメディアに献上したと考えるべきだろう。しかし、どこで？　どういう理由で？　イアソンとメディアの神話には、ゼテスとメディアの場面は登場しない。

いつも失われたエピソードが亡霊のようにつきまとう。どんな語りにおいてもエピソードは欠けたままにしておかなくてはならない。わたしたちの起源にある欠けたままのイメージのように。）

4　神話の背後には起源がある

往古《ジャディス》に、何一つとしても名のあるものはなかった。

それぞれの事物をそのまま見ていたのであり、事物はそれ自体から区分されてはいなかった。

剥き出しの身体はいかなる衣服でも覆われてはいなかった。

手足には鉤爪が生えており、指先のその爪は切られたことも噛まれたこともなかった。

大地には家はなかった、木の枝に作られた巣と、カルスト台地、荒れ地《ランド》、山地のなかの沼地にある豚小屋を除いて。

海には一隻の船もなかった。突風や嵐が運んできた木材が浮かんでいただけだった。

ある日、オルフェウスが一片の木材に麻のヴェールを広げた。

王たちは櫂を手にとった。

海が知った最初の船、それはアルゴー王が人々を救うために建造したもので、パガサイ湾の海岸へと曳かれた。王が来た、王は女神アテーナー自らドードーナ〔ギリシア北西部イピロスに存在した古代ギリシアの神託所〕のオークの木を彫って作った舳先に乗った、この王の名はイアソンだった。

それはわたしが目にした、はじめての顔で、海からその姿をあらわした。

イアソンは接岸した、すると、往古《ジャディス》の海岸、わたしの幼年時代という海岸は、突然、遠ざかった。

もはや彼しか愛せなかった。

わたしは途方もなく幸福な女となり、それから、身の毛がよだつほど不幸な女王となったのだ。

5　暗闇の線《ライン》

陸地と海のあいだの海岸は、法と狂気の境界である。

物語とダンスの境界である。

海岸は「暗闇の線」でもある。

ギリシアの円形劇場の客席を見えない〈舞台〉に沿って建立するのに要《かなめ》となったのはオルケストラという境界地である。

最古の配置をできるかぎりそのまま保持しておかなくてはならない。音楽家たちは左手、下手、森側、山側、西側に。歌い手は右側、上手、港側、海側、東側に。トランスは真ん中で行われる。

「暗闇の線」は、旧石器時代のシベリアのシャーマンが「見えない川」と呼び、彼らだけがこの世で目にすることができたものと同じものだ。「見えない川」は東から西へ向けて流れる（水源から死者の沼地へ、夜明けから夜へ、赤から黒へ）。
「暗闇の線」は、プラトンの装置《インスタレーション》（『国家』の中の洞窟）にもやはり現れている。「暗闇のダンス〔暗黒舞踏〕」とは（アメリカの占領後ようやく日本人に二つの爆弾の犠牲者について語る権利が認められた）あの裸の身体、シヴァの身体、錯乱状態の、灰に覆われた身体だった。廃墟になった町を、夜間外出禁止令のなか、地下の埃だらけのモルタルの上で、ガレージの暗い地面の上で、立ち上がり、蘇ろうとしているあの身体だった。

わたしは幼年時代、中学一年生までを、フランソワ一世が建造し、連合国空軍によって完全に破壊された港湾都市の廃墟で過ごした。何も残ってはいなかった。港に暮らす民間人の死体置場に小さな公園が建てられ、わたしはよくそこで遊んでいた。バラック小屋で勉強をしていた。〈歴史〉の底にはいつも、基盤となる廃墟が、廃墟となった港湾、廃墟のハバー〔港湾（アーヴル）を意味する古語。『ル・アーヴルから長崎へ』第四章に言及がある〕——廃墟の隠れ家《アーヴル》——があるのであり、メディアはそこで待っている。

6　ル・アーヴル

ル・アーヴルの町は現在、広大で、新しく、住民で溢れており、多くの製油所や工場がある。町にはタワー、モニュメントが立ち、真っ白でヴォリュームのある建物が林立した独特の美しさを持っている。わたしが生きたあの「空虚な」町など誰が想像できよう。あの荒々しい風のことなど誰も思い描けないだろう。土地が剥き出しで、瓦礫のなかようやく草が生えてきた頃の、遮るものが何もない廃墟に海風が吹き込んでいた頃の、あの荒々しい風を。イギリス人はなんとしてもル・アーヴルを爆撃したかった。一六九四年、一七五九年、一八〇一年、一九四四年。あの頃、朝、男子校へと通うとき、起源の風、フランソワ一世以前の風、地上の人間以前の風、生命以前の風が荒々しく吹き荒れた。校庭の敷石の上に建てられたバラック小屋の男子高校で授業を受けていた。わたしは帝国高校のチャペルで行われるミサの侍者をつとめていたが、チャペルが破壊された日にル・アーヴルの町を去った。わたしは旧市街にあるマダム・パンシャールのところでソルフェージュのレッスンを受けていた。ピアノに関しては、マドモワゼル・リウーのところまで行かなくてはならなかった。サン・タドレスへと向かう曲がりくねった道をのぼっていく必要があった。大型客船の船乗りが運んできた異国の動物で溢れる小さな店があった。クレーンの前を歩いていた。なんであれ、当時ル・アーヴルの港は、人間よりもクレーンのほうが多かったのだ。路地は狭かった。路地には家はなく、剥げて汚れたピンクのタピスリーで壁は覆われていた。崩れないよう斜めに支える丸太に沿って私は歩いた。二つの木の幹のあいだに、小さな屋台があり、その前まで来てたちどまった。どこからこの動物たちを連れてきたんだろう、と魅了されたのだ。驚くべき光景だった。完全に破壊された都市の中にあるノアの方舟だった。世界中の動物が救われていたのだ。わたしはそこでたくさんの動物を購入した。特に覚えているのは見事なヨーロッパヌマガメで、緑一色で、非常に優雅に、わたしが飲み込めるよりもはるかに大量の肉を食べていた。わたしはそのヌマガメを女王のごとくヴィクトリアと呼んでいた。姉のマリアンヌは――彼女もマドモワゼル・リウーのところにピアノのレッスンに通っていた——茶と黄のサンショウウオを買った。人はできるかぎり、愛情にではないにしても、何ものかに、甲羅に包まれている。甲羅とは、つまり長命である。長命とは、長きにわたる縁のことだ。わたしが幼少時代を過ごした町は、破壊された石材と黒土から、徐々に白亜になった姿をあらわした。全滅から再生しつつある港湾に新しい町が生まれたことがわたしの人生を決定づけたのだと思う。そのことはわたしが書くものにも決定的な影響を及ぼした。八巻にのぼる「最後の王国」〔現在は十一巻まで刊行〕は、崩れおちたどんな廃墟よりも有毒で粉々になった廃墟の上に復興した、広大だが脆弱な建造物だ。日曜日になると、父は書き込みをした地図を手に、わたしたち六人を新しい建物を見に連れて行った。本当のことを言えば、わたしたちはそれが本当に面倒だったのだが、父は新しいものは何でも好きだったし、それを「復興ツアー」と呼んで、嬉しそうだった。午後の間ずっと父はどしゃぶりの雨の中を先導し、わたしたちは激しい起源の風に吹かれて深く前屈みになりながら彼について行き、不意に顔をあげては、新しい建物をじっくり眺めたり、オーギュスト・ペレが土地を高くした空間に作ったばかりの新しくて長い通りに感心していた。運よく、この復興ツアーを免れて、ル・オードのフェリーに乗ったり（タンカルヴィル橋はなかった）、森に行ったり、閘門の内側にいる魚を指や、ゴカイや、天秤竿で釣ったりしていた。

時間が——来て——過ぎ去り、数十年が流れた、父はスイヤックの古い小さな入り組んだ河川港で死に、わたし自身は中心地を離れ、そこでのさまざまな仕事を手放した。わたしは自然が、あるいは、人間が自然の中から残しておいたものをますます好きになった。もはや都市に対する愛情はそれほどない。都市の中で愛せるのは港、船の警笛、海鳥の泣き声、大海原の上に広がる空の白さだけだ。わたしが見た、わたしが愛した港、それがル・アーヴルだ。それから他の港が好きになった。わたしはアントワープがとても好きだった。それからわたしの気に入っているのは、ナポリ湾にある港、イスタンブール湾の島々、人がたくさん住んでいるが、それでも空虚で寂しい東京湾の小さな浜辺だ。東京、かつてアルブキウス・シルスについて本を書いたあの町にカルロッタ池田と帰った。それが三度目の東京行きだった。二〇一一年十月十九日、暗黒舞踏《アンコクブトウ》への参加は、すぐさまわたしを満たした。「黒の方法」を満たした。「性的な夜」を満たした。それは思ってもみない喜び、メディアの喜びだった。福島の爆発事故のあとで、原子力発電所を飲み込んだ巨大な津波のあとで、世界中をめぐるこの公演の巡回旅行が、わたしの人生における輪のようなものを形作っていた。ル・アーヴル、広島、福島、東京、これら破壊された港がひと繋がりになったのだ。暗がりの舞台上で、カルロッタ池田と相たいして、わたしの人生はひとつの意味を持った。闇のなか、カルロッタは回転し、わたしの人生もまた回転した。この回転が闇に眩暈をもたらした。

第十五章　スピンスター

ビッグ・バンの後、宇宙の深い闇が少しずつ最初の星たちによって照らされるようになった。これら最初の星、巨大で、太陽よりもはるかにどっしりとした星は、独楽のように自転していた。物理学者たちはその星をスピンスターと名づけた。

スピンスターはすべて爆発した。

宇宙にのこったのはその残骸、重い元素であるストロンチウムやイットリウムを多分に含んだ残骸で、それらの元素はすぐに超高速の回転を始める。

最初の星たちの外面の回転速度は、毎秒五〇〇キロだった。

現在の太陽はその二五〇倍遅い。

第十六章　黄昏

1　暗きなかを

太陽それ自体が黄昏のようなものだ。時代が来て――それは神の時代だ――、そして、時代は時間へと流れ込む――それは人間が〈歴史〉の中で共有する時間だ――。今や暗きものの中を生きているということだ。暗き中を生きる vivere in re crepera は、ラテン語で「危機的な状況にある」を意味していた。生あるいは死の状況。お前は何者かという最後の呼びかけの時にいること。古ラテン語ではもっと簡単に次のように言われていた。黄昏〔crépuscule〕の中の暗さ〔creper〕に直面すること。

危険な状況から出発して、終わりの瞬間と共にあること、それこそが運動であり、いくつかの驚くべき点で、老いに生気を与えるのだ。

わたしは起源のオオカミの口の中にいた〔「オオカミの口の中に飛び込む」は慣用句で「虎穴に入る」あるいは「危険に飛び込む」という意味〕。黄昏の中を生きていた。わたしはその起源を思いうかべる、わたしはまだ本当に若かった、起源は私から離れ、もとの場所に戻ったにちがいない、夕暮れ時だった。夕方になるとはいつもそうだった。毎夕方そうだった。起源はいつも怒りだす寸前だった。怒りで震えていた。胸にぴったりフィットしたレインコートを身につけて。

それから起源は消えた。

ひとたび完全に姿を消したのち、起源は住みやすいものとなった。

2 黄昏について

夕刻、照明を消し、闇のなかへと進む、その場所を包む「暗きもの」のなかへと進む。そこでは、あらゆる存在が、深まる夜とともに広がる際限のない、無定形な、包み込むような物質の中へと溶けてゆく。ひとたび服を脱ぐと、すでにわたしの呼吸はゆるやかになり、身体はなお浴槽の心地よい湯のようにみずみずしく、庭へと通じる数々の扉の鍵穴にひとつひとつ鍵を差し込んでは回そうと空っぽの部屋をさまようがごとくすがすがしい。路地へと抜ける鉄の扉の鍵穴に鍵束をさしこんだまま、家の一階の窓をひとつひとつ確かめたのちに、家が完全に閉じた容れ物であることを確信した身体は、孤独に身を任せ、薄暗がりのなかに紛れて、管や壁や風がたてるいつものささいな音を受けとめる。それから放棄された状況に身を委ねる。剥き出しの四肢はシーツの中にもぐりこむ。

そのとき何もかもが本当に放棄される、究極的に放棄される。眼は暗闇に、肌はやわらかな布地に、肉は自らを包む毛布の重みと、少しずつ生まれる暖かさに身を委ねる。

魂が自由になる。

そして少しだけ身体から離れる。

横たわる頭の少し上を魂が登っていく。

そして溶ける。

魂が消え去る時、言葉を捨て、日の光に背を向け、身体の内側から少しずつ退去し、小さな守護天使の影のように身体の上へ出て、四散する煙のごとく天へと登る時、魂はそれまで生きてきた時間をまたたくまに観想する、魂はなお、己の前に、すでにおわった小さな人生の巻物を広げようとし、その主要なイメージをざっと概観し、忘れつつあるものに急いで目を通し、もっとも苦しかった瞬間を反芻してから、できるかぎりそれらの瞬間を和らげてやるのだ、傷は、すでに書かれたものに時折立ち返り、その幻影あるいは嘆きを補修してやる。日々の生活の悲惨が作り出した数々の結び目を夢の力でほどいてやるのだ。

「枕《オレイエ》〔耳（オレイユ）から派生した言葉〕」の中に横たわり、埋まり、丸くなり、和らぐ身体、それは魂が抜け去ったため必然的に「聴覚的」な本性をもつ身体だ。肌はシーツの生地の中におざなりにされ、精神はますます内的なものとなり、もはや見ることはできないもの、しかし、耳殻の奥底にあるカーブの部分にかすかに響き続けるものを感じとる。〔耳の中を〕回り続けるこの円運動のため、身体の中の「主体としての地位」は揺れ動き、崩れる。記憶されたすべての出来事の強度を限界まで高めるこの動きは、空洞の頭の中でこの上ない力を発揮するため、記号を欠いたまま空転する主軸に、その奇跡的な軸に、ただ数々のイメージが行きつ戻りつ、飛び去ったり留まったりを繰り返しながらまとわりついて、そこにひとつの夢を作り出すのだ。

二〇〇五年、「上《うわ》の空である〔文字通りには「雲の中にいる」という表現〕」という素晴らしい表現の意味をわたしは理解した。それは雲に包まれた山頂のような状態で天にいること。景色からも、太陽からも免れていること。上の空であるとは、彼岸では人間を見えなくし、現世では天体を見えなくするような霧に包まれていることを意味する。それは蝕《エクリプス》である。獲物を他の獲物から盗んでしまうハイエナには布をかぶせなくてはならない。捕食動物が食べたくてしかたがない「物〔chose〕」を、すなわちわたしたちの身体を、彼らに見せないようにしなくてはならない。これはわたしの身体だ。呪文を唱える人間は、文章を書く作家と同様、ことばの遮蔽幕に包まれており、そのため、言語を用いる存在に対して自らの姿を見えないものにする。

というのも、身体全体がくまなく眠っているわけではなく、まだある一点が眠らないまま残っているからだ。それは身体の中の一点とはいえない。だが、守護天使あるいはソムヌス〔ローマ神話における眠りの神〕の影のように頭上にあるものでもない。それは両手と鼻と口とシーツのあいだにある。この「片隅」を、両手と鼻と口とシーツのあいだにあるこの小さな隙間を見つけなくてはならない、眠りたい人間はまず「隅に引っ込む」必要がある、そこに身を埋めて、しがみつき、身を委ね、くつろぎ、己の魂を「吐きだす〔＝死ぬ〕」のだ。

眠りを求めること、それは異質でゆるやかなダンスだ。

残りの部分、大きな両足、尻、性器、上半身はこの片隅に寄り添う、その片隅で、魂は吐き出した二酸化炭素がわずかに戻ってくるなか眠る。吐いた息はちょうど鼻先とシーツとの隙間に返ってくる。しかし、吐息が顔に感じられないほどシーツが鼻にぴったりくっついているわけではない。二酸化炭素は脳の酸素を奪い、少し多めの炭素、少し多めの沈黙で脳を麻痺させ、脳の活動を眠らせるのだ。

鼻とシーツのあいだのこの片隅に身を落ち着ける。奇妙なことに、お気に入りの丸いソファの上で二度寝返りをうちながら身を落ち着ける猫のようだ。

鳥ですら、頭を羽の下にうずめ、飛ぶことも動くこともせず、あの暗い、二酸化炭素のたまった、歌のない、飢えも忘れる、静寂に包まれたわずかな隅のことを絶えず考えている。

鳥ですら嘴と翼という避難所のあいだで目を塞ぎ、身をまるめられる片隅を探している。

本当の意味で書くとは、シーツの重なる布団の中の薄暗い片隅にある魂（呼吸）のように、語るものの中に没頭する〔＝迷う、姿を消す〕ことだ。

本当の意味で想像するとは、夜中にずっと、残りの身体すべての運動性を喪失した状態で、夢を見ているあいだ、欲望によって自分自身を建造することだ。

ある一点がわたしたちの中心で振動する。

残りの身体、大きな両足、尻、性器、上半身はその時、釣り糸の先につけられた重りのようになる、その重りのおかげで暗い水面に浮かぶ小さなコルクの浮きはまっすぐに浮かんでいる。

わたしが思い起こすのは、一種の認識行為、雲や霧のかかった、見ることも知ることもない、言葉のはるか以前の、光〔理性〕の向こう側で行われる認識行為である。

いかなる書物も根拠となりえない。

いかなる存在も必要とされない。

こうした前世はただ夕暮れ――黄昏とも呼ばれる――に沈む暗きものの中へと連れ戻されなくてはならない。この暗闇は、さざ波が重なり合う水面の流れのように、暗さを増し続け、自ずと広がっていく。

3　闇、袋、女陰、舞台、書物

舞台はいつも闇だ。そこは未開の地（文明の発達した地あるいは都市には必ず光が照らされている）。そこは人が腰掛ける雲でもある。それはハゲワシの頭につけられた革の頭巾だ。劇場の中に入れば、それはもちろん黄昏だ。そして芝居がはじまると夜になる。

そこへ落ちていくこと。

そこにいるだけでは十分ではない、そこで重くならなくてはならない、そこで溢れ出さなくてはならない。

歩くよりもずっと遡って、身振りをするよりもずっと手前で、誕生の日のように生まれ落ちること。あるものをすべてあるがままにするために、そこに捨てられたかのようにその場所に「自ずと」存在するがままにまかせるために、時間の中を迷うために、宇宙の流れのなかに漂うために、何もかもを緩めること。

ただ大地に身を横たえ、そのまま動かないでいること、シベリアのシャーマンたちはそれを「地獄へ向けて流れる」と呼んだ。

右に回転すること、つまり、東から出発して、太陽の進行方向へと回転すること、シベリアのシャーマンたちはそれを「天へ登る」と呼んだ。

開かれた状態、見捨てられた状態、沈むよりもむしろ流れること。

実験と実験者は消え去って「一」になる。いずれも、女陰の割れ目よりも目につかない狭い消失点で、風と寒さの山よりも眩暈を引き起こす消失点で、傾斜しているものにとっての山中にあいた深淵以上に眩暈を引き起こす消失点で合流する。

書物と舞台は、失われた国へと至る失われた道だ。

それは待機の場所。

「一」への通路を待たなくてはならない。

待ち構える

ek〔外〕が再び en〔中〕に戻るときを。

「中に」が「外へ」となる点、それは大気が現れる空間。「en」が「ek」になる点は存在する。誕生それ自体のように、時間の中に、空間の境界に外 - 在（Ek-siste ＝存在）するのだ。その点は想起の妨げとなる。誕生の点はあまりに小さくそしてあまりに「低俗」であるために、わたしたちの中で高次のものにされ、美化され、時間化される。もちろんその点は存在すると思う。それは女陰だ。母親の中で生きたのち、そこから姿をあらわすのだ。その点から、わたしは「一」となり、そしてようやく存在し始めるのだ。それは始まりが生じる出発点であり、その点の内部で身体は自らに先んじて一つのものとなり、誕生の「外」へと自らを投げ出す。

一六四〇年のメランの恐るべき版画作品——一八六三年のサロンで落選したマネの《草上の昼食》のごとく力強い——では、乳幼児が自分が生まれ出てきた場所を眺めており、画家はこの作品を《水脈占い師》と名付けた。

「いや、その点は起源となるものではない」と思う。それは源流にある。起源とは、あの水脈占い師に要約できるものではない。女性の（太腿の先の股に、分かれ目に、交差点に、分岐点に）薄闇のなかに、女性の両足の交わるところに、垣間見えるその点の中心は、外‐在しない、その場所は「外」ではない、外在性を有さない。

「それは、空間的な点ではない」と思う。それは時間的な点だ。予測できない、完全に偶然の瞬間。あるいは、この点は内でも外でもない、謎めいた点だ。明らかに生命をもっているが、生きることを躊躇っている点、死と生のあいだで痙攣する分岐点。ただ誕生するという運動のなかでしか外‐在しない無呼吸の点がある。羊水から飛び出し、空気に満たされ、窒息する者の肺を破る無呼吸の点。それまでの生と決別した者を、空気を、プシュケー〔息、精神、生命〕を、息を吹き込まれた新しい生で満たすのだ。

より正確に言えば、このアポリアのような点とは、最初の引っ掻き傷によって書かれた聖アンデレ十字である。それは交差する二つの線、合流する二つの道、触れ合い、つながり合う二つの性器である。それら二つのものの接触がひとつの点を刻み、その点で生と生ならざるものとが分岐する。生死を分ける点、いつも、危機のたびに、困難のたびに、その点を足場にして、再び飛び上がるのだ。

　一種の片隅のようなものとなる交差点。


Job maledicit diei navitatis suae.（そしてヨブは自らの誕生日を呪った。）

— Egressus ex utero non statim perii ?

子宮から出てすぐなぜわたしは息を引き取らなかったのか？

4　小さなランプ

完全なる闇。

観客は静かだった。

闇のなか、ローラン・リウフが不意にわたしを上手《かみて》のほうに押した。それからわたしは不可解なまま舞台へと進んだ。〈舞台〉の内側を歩いた。半円状に舞台を歩き、テーブルの前に行き着いた。わたしは大きな音をたてて座った。ゴム製の黒い床に両足をしっかり据えた。わたしは虚空を眺めた。

わたしは小さなランプを灯した。

わたしは大きく深く息を吸い込んだ。

丸い光の輪のなかで折りたたんであった紙片を広げた。紙片のしわを伸ばした。

わたしは黒を身にまとっている。眼前には闇が広がる。わたしは闇のなかに何かを窺っている。空間のなかには見出せないが、暗闇のなかで目を凝らして見えるものを。

メガネケースを開ける。金属フレームの丸いメガネをかける。わたしの祖先もパイプオルガンを弾くときにまったく同じ形のメガネをかけていた。眼前をじっと眺めながら、わたしは最初の文を口にする。それから紙片を電球の下で開く。書かれていることはすべて暗記していたがそれを読み上げる。

わたしは読み、黙り、息をする。

アラン・マエは下手《しもて》で跪いている。

彼は琴に触れる。石をこすりあわせて音を鳴らす。

わたしもまた、暗がりの中で二つの身振りだけを示す。アプシュルトスの亡骸を海の上でバラバラに切り刻む、そしてそれを乳飲み子の投彈機を使って投げ捨てる。

するとメディアのような巨大な波が起こり、わたしはその波にのまれ、それから光の中に吐き出される。はるか前方、客席の闇のせいでわたしたちからは見えない、劇場の高い場所にいるエリック・ブロスの手によって、わたしにあてられた照明が少しずつ落ちてゆく。Dormiens eum oppressit. 眠りのうちに縊られし。そのとき、わたしは波のなかを転がり、わたしを閉じこめる巨大な波の中に飲み込まれ、砂浜の上にうち捨てられる。そこで、ゆっくりと紙片を読み終える。

わたしはテーブルの上に紙片を折り畳む。

メガネケースを閉じる。その音は、〈受難〉の話の際に信者に跪拝を命ずるミサの拍子木の音と同じものだ。わたしはメガネケース——あるいは拍子木——かつては影たちの書物とも呼ばれていた——を折りたたんだ紙片の上に置く。わたしは身をかがめる。立ち上がる。椅子を動かす。観客に背を向ける。観客に背を向けて座り、再び身をかがめる。ランプのスイッチを消す。その音はまさに時間が休止する前の音、その時、黄ばんだ編みケーブルの先の洋梨型のスイッチがベッドの天蓋から落ちた。

完全な闇。

アラン・マエの手が石を動かし、ひっくり返し、こすり合わせ、音を鳴らす。

その音楽の中で、空間が夜の闇の中からわずかに姿を現し、少しずつ、ゆっくりと旋回するや、メディアの亡霊がわたしのほうに近づき、トランス状態が始まる。

舞台上で、カルロッタ池田を前にして、毎晩わたしは、彼女の身体を、極めて小さいが強い存在として感じていた。それは最初から、たえず予期できない仕方で、ヴォリューム、強度、大きさを増し続ける筋肉の膨張が生み出す存在感だった。これはダンスなのか、それともトランス状態なのか。続きがどうなるのかは決してわからなかった。そのためわたしは意味のわからぬ不安で満たされた。誕生とは、何の役にも立たない、もっとも強力で、絶対的な仕方で増大する呼吸と筋肉のエネルギーである。

わたしはトリノの決定的な恍惚を前にしたニーチェの理想に達した。

それは一時間のあいだの思考と誕生とダンスの一体の経験だったのだ。

夜の闇から生まれた身体が夜の闇へと消えていく。

ますます闇となる——暗闇のなかに身を投じる——エンペドクレスのような身体。火山に開いた深淵が忘却によって爆発する。

あるいは、自分がヴェルサイユ劇場でプロンプターをするドナシアン・ド・サドになった姿を想像していた、沈黙と音のあいだをとりもつ老人になった姿を。上演あたり四十スーの仕事。

カルロッタ池田は言った。舞踏とは嘔吐のようなものだ、と。

身体は不意に内側の世界をそっくりすべて吐き出す、火山口が否応なく溶岩を吐き出すように。

誕生以前を誕生の中に投げ出すこと。

わたしたち二人は第二次世界大戦の生き残りだった。

わたしたちの知の飛躍を支えてくれたものは（そして古い世界を保護し、進歩を築き上げ、人間生活の意味を育んだものは）崩壊してしまったのだ。

以降、ふたつの世界が存在することになった。

以前の世界は爆発した――原子力によって爆発した――一九四五年八月の美しい朝に。

人類の歴史が爆発したのち、生以前の物質が、太平洋に面するある海岸で自ら爆発した。

わたしたちに先立って存在していたものはほとんどすべて見えなくなった。昼の光のなかを彷徨い、昼の光と見分けがつかない灰白色の密雲のように。

5　グリジ

『ジゼル、あるいはヴィリたち』は、一八四一年六月二十八日に、カルロッタ・グリジによってパリ・オペラ座で制作された。百年後の一九四一年、池田早苗は生まれた。早苗という名は「若い稲の苗」を意味する。池田という姓は「小さな湖」を意味する。一九六九年、池田早苗はカルロッタ・グリジの名を受け継いだ。

第十七章　カルロッタ・グリジ

1　ゴーティエ

一八三一年のある夕べ、ネルヴァル、ハイネ、ゴーティエは並んでオペラを観劇し、はじめてダンスに衝撃を受けた。その夜上演されたのは、マイアベーアの『悪魔のロベール』だった。突然、夜の修道院の廃墟に、白と黒の修道女の衣服を身に纏った女のダンサーたちが、闇にまぎれ、ただのポワント〔トゥをたてた爪先立ち〕ですっと現れた。その時だけ、振りつけの規則、装飾、動きがすべて無視された。ダンサーたちは亡霊のごとく床に軽く触れただけだった。彼女たちは舞台を横切った。そして夜の中に消えた。

ダンサーたちに囲まれたラ・タリオーニ〔マリー・タリオーニの通称〕は「ダンスする」ことはなかった（ゴーティエはこの語を繰り返した）。彼女は「空中をしばしのあいだ彷徨ったのだった」。

それから、ラ・タリオーニのあと、ゴーティエはファニー・エルスラーに夢中になった。彼女はウィーンではハイドンの生徒だった。ゴーティエは彼女を通して、筋肉をいっそう駆使した、より肉体的で自発的なスペイン舞踊（カチューチャ、ファンダンゴ、ボレロ）を発見した。事故後、一八三七年九月にシェイクスピアの『テンペスト』で復帰した際に、ゴーティエは次のように書いている。「ファニー・エルスラーのダンスはアカデミックなものから完全に乖離している。そのダンスは特別な性質のもので、そのため他のダンサーとは一線を画する。それはタリオーニ嬢の軽やかな純潔の恩寵とは異なる。それよりもなおいっそう人間的な何かであり、感覚に直接的に訴えかけるものだ。タリオーニ嬢はキリスト教的なダンサーである。ファニー・エルスラーはまったくもって異教的なダンサーだ。彼女が腰から上を大胆に反らし、歓喜に酔いしれた両腕を後ろに投げ出す姿を見ると、黒の背景から白く浮かび上がるヘルクラネウムやポンペイの美しい像を見ている気がする。ダンスは形而上学的な思想には向いていないといってよい。ダンスが表現するのは数々の情熱だけなのだ。愛、欲望、性的あるいは致命的な攻撃性」

ゴーティエが考えるダンスとは、ただ欲望のみを語ることに他ならない。つまり自分の起源となる夜から人間の身体を浮かび上がらせることであり、舞台装置を消し去ることであり、彩り豊かな衣装、首飾り、ブレスレット、かぶり物を廃棄すること、肌に価値を与え、肌を白くすることだ。黒い背景に浮かぶ白。ロマンティック・ダンスは、スペインやフランスにおける見せ物としての闘牛の発明と完全に同時代のものだった。ロマンティック・ダンスにはもはやいかなる逸話も必要ない。それはただ身体の美しさと死の執行の美しさに捧げられているのだ。

2　カルロッタ

カルロッタはブロンドで、青い目をしており、子供っぽい顔つきだ。彼女は細身というだけでは十分ではなく、ほとんど痩せこけていた。彼女はイストリア半島のヴィジナダに一八一九年六月二十八日に生まれた。

ヨーロッパでカルロッタ・グリジがたどった足跡は、父のもとを離れたメディアの足跡と同じものだった。

イストリア半島のプーラは、メディアが弟のアプシュルトスの身体を引き裂き、その手足と性器を海に投げ捨てた場所である。

ストラボーンは『地理誌』第五巻の一において、次のように書いている。プーラは自然にできた港の形を湾に面した町である。かつてのコルキス人たちの定住地であり、メディア追跡のために送られた船乗りたちが作った町だ。というのも、アプシュルトスがその身を姉メディアに引き裂かれたのはこの土地だったからだ。船乗りたちはアプシュルトスのばらばらになった身体を探して海の中を調べた。身体の破片を集め終えたのち、かなりの数の船乗りが、埋葬されたアプシュルトスの亡骸を守るために、墓のそばにとどまることにした。こうして、プーラの街ができた。カリマコスはプーラを「流刑者の街」と呼んだ。

一八四〇年十二月十日、カルロッタ・グリジは王室運営のテアトル・フランセとのはじめての契約書に署名した。彼女はテーブルの上のインク壺と吸い取り紙の横にペンを置いた。それから、目の前にいるディレクターのピエに、テアトル・フランセでの最初の舞台として、サン＝ジョルジュとアルベールによる『ゲントの美しい娘』の再演はありえないと告げた。何か新しいものを考えなくてはならなくなった。ゴーティエがよいのではないか。アドルフ・アダムの音楽にのせて。彼女には振り付けのアイデアがあった。ゴーティエの友人であるネルヴァルが翻訳したハイネの最新の物語《コント》を読んでいた。

ゴーティエはすぐにそのことをハイネに話した。「あなたが本の中で描いた、裾がいつも濡れている白いドレスを纏ったエルフ、ドイツの月明かりに照らされてビロードのような靄がたちこめるなかハルツ山地やイル川の岸辺で出会った亡霊、冷酷なワルツを踊る雪のような色のウィリの一節。その箇所を使ったらどんな素晴らしいバレエができることでしょう！」

ドイツ人は未婚のまま亡くなった若い女性を「ウィリ」と呼んだ。ウィリは自分にとりついている欲望や好奇心を満たすため男たちを探し求めている。一度も男を知らず、裸になったことがないにもかかわらず。ウィリは夜をさまよう者たちに罠をかける。

一八四一年二月、ゴーティエはずっと台本を書いていた。

同月、真冬のさなか、ネルヴァルに最初の大きな精神錯乱の発作が起こった。午前三時、ネルヴアルは道の真ん中で、全裸で、凍えた状態で発見された。その体は泥まみれで、警察によって衛兵所まで運ばれた。彼はまもなくゴーティエに短信を書き、迎えにきてもらいたい旨、そしてとりわけ、寒さが厳しいので衣服を持ってきてほしい旨を伝えた。ゴーティエは辻馬車に乗って到着し、ネルヴァルに服を着せて、自宅まで連れ帰り、高熱で震えるネルヴァルを自分の寝床に寝かせた。ゴーティエは寝室の扉を閉めた。彼はサロンに行った。暖炉のそばに腰を下ろした。カルロッタのために構想したバレエ作品の執筆を続けた。

3 ジゼル

『ジゼル、あるいはウィリたち』は一八四一年六月二十一日に制作された。それは大成功を収めた。ゴーティエは次のように述べている。「カルロッタは、エルスラーやタリオーニと並ぶ一級の完成度、軽さ、大胆さ、官能をもって踊った。お決まりの所作は何一つなかった。間違った動きも一つもなかった」

「お決まりの所作は何一つなかった」、ゴーティエはそう書いたのだ。

それはカルロッタが「夢の踊り《パ》」と呼んだものだ。ゴーティエはさらに詳細に述べている。「彼女は触れることなく床すれすれをかすめている」

この舞台は大変な好評を博した。（ワーグナーは一八四一年のある上演を観たが嫌悪した。）ゴーティエとカルロッタはたちまち金持ちになった。

ゴーティエははじめて出会って以来、生涯カルロッタのことを愛した。カルロッタが独り身に、ふたたび自由な身になったとき、ゴーティエはスイスのカルロッタのもとを訪れた。ゴーティエはアカデミー・フランセーズに迎え入れられるよう社交界に出入りしていたが、必ずカルロッタを連れていった。

ジュディット・ゴーティエ（ゴーティエがカルロッタ・グリジではなく彼女の妹のエルネスタ・グリジとのあいだにもうけた娘）は、六〇年以上も後（一九〇二年）に、カルロッタが毎日自らに課していた練習のことを書き記している。「朝、彼女は何時間も肌着で、大きな姿見の前で練習をしていた。パの研究をしていたのだ。彼女は走り、跳び、親指のつま先で歩き、柔らかいポーズ、軽やかなポーズ、甘美なポーズと、あらゆるポーズで身を反らせた。わたしはたいへんな驚きと好奇心をもって、この界隈ではとても思慮深いこのショーを見物していた」

第十八章　夜の猛禽《フクロウ》

1　現実への扉

黒い夜、黒い死、黒い最初の世界。黒い地底。黒い舞台。

〈最初の舞台〉の闇の中にもう一度、入っていくこと。

〈最初の世界〉の闇の中にもう一度、顔を突っ込むこと。そこで顔を失い、再び何も見分けがつかない状態に戻る危険を伴いながら。

言葉の世界（第二の世界）は振り返り、ダンスと音楽の世界（最初の世界）が現れるのを見る。現在の世界は振り返り、そこに古代世界が回帰するのを見る。素晴らしき、液体の、闇に覆われた、幻想的な、超感覚的な、熱く、衣装をまとった、皮と毛皮に厚く覆われた古代世界の回帰を。


――Ne timeas !

畏るることなかれ！　言葉のさまざまな対立からなる白黒の世界は、沈黙のなかに消え去りながらもぼやけることはなく、色づいていく。

舞台のちょうど真ん中に光の輪が照らされる、そこに三つの世界の装束を身に纏ったシャーマンが現れるかもしれない。

それからふたたび湧き上がる、最初の日のように、おそらくは泣き声をあげながら、そうでなくとも歌声をあげながら、いずれにせよ完全に「言葉を持たない」状態で、出生の、出産時の現実が、あるいは、太陽のような、色鮮やかな、肉体的な、予見できない、生まれつつある「女性形の」現実が、前夜の奥深くから湧き上がる。


ダンスは過去へは足を踏み入れない。ダンスとは完全に往古《ジャディス》に属するものだ。ダンスは溢れ出る。往古から溢れ出たダンスはどこにも到達することはない。ダンスは過去も顔も母も言語も社会も必要としない。

ダンスは畏怖にとどまり続ける、ダンスは純粋な状態変化の中で持続する。ダンスは前進するのではない、溢れ出るのだ。

ダンスは少しの恐れもなく平穏から去る。ek-frieda〔平和の外〕。

「彷徨していたときから恐れはなかった」。これはセネカの作品におけるオイディプスの言葉だ。ラテン語では Oedipus intrepidus vagans である。

ダンサーとは「振動」、躊躇、恐怖、逃避のない放浪者である。ダンサーの身体こそ唯一、震えることのない身体なのだ。ダンサーは闇に身を投じる。神の手に身を委ねるのだ。すべてに畏怖を覚える者は永遠に不安を抱かない以上、ダンサーとは動揺することのない畏怖そのものである。

フェヌロンは言う。「こうしてあらゆることに心の準備ができているとき、完全に自己を見失うという眩暈に余すことなく身を投じられるとき、人は神の腕に全面的に身を委ねる。自己を忘却するのだ。この忘却は自己愛の殉死を意味する。この忘却は、自己を隠すために、粉飾するために、偽るために、この世界にはもはやどこにも源泉をもたない自己自身について、自らの手で作りあげたイメージを抹消することである。すると心は広がり、扉が開くのだ」

それは現実への扉だ。

即興《インプロヴィゼーション》が即興をおこなう点だ。

誕生の、調和からの逸脱の、トラウマの、恥辱の、畏怖の、トランスの、脱－自《エクスタシス》の、捕捉からの離脱の点である。

十七世紀、フローベルガーは「即興曲《インプロヴィゼーション》」という言葉を使わず、時を外れた瞬間〔*instant extemporaire*〕と言っていた。それこそ彼が音楽の中に求めていたものであり、彼が譜面を発表できなかった理由である。線から離れること。譜面から離れること。すると時を外れた〔＝準備の時間のない」状態になる。

カルロッタ池田、東京での二〇一一年の冬の夜。まるでひとつの星が爆発したようだった。カルロッタ・グリジ、一八四一年の夏。毎夜、森の中で、樹々の影で、死者たちのように動きながら、若くして亡くなった農民の娘が甦る。彼女の足の裏は床についていない、彼女はつま先で前進する。

歓喜する鳥のように空へむかって飛翔することは、深淵の底へ飛び込むダイバーのように、宇宙空間の夜へ飛び込むことに等しい。ダイバーの身体には海水の全重量がのしかかり、突如として、方向を失った均一な広がりの中に彼を沈めることになる。

2　木の浮き橋

重力が感じられない場所はひとつしかない。それは必ずしも世界の中にあるというわけではない。母胎だ。この空間は水に満ちたヴォリュームだった。かつて古代ローマ人は、この空間を、移動時に飲みものを保存しておける外皮を意味する名詞で表していた。彼らはこの空間を皮袋（uterus〔子宮〕）と呼んだ。この場所はまた、呼吸をする種《しゅ》にとっては時間でもある。それが往古《ジャディス》だ。

誕生とは、生命を示す日ではなく、皮袋が破れた日、大地といわれる場所にとびちりながら水が落ちた日だ。

落ちた場所《トンベ》からずっと離れていることは難しい。例えば、毎夜、人は倒れる場所《トンベ》で眠る。毎夜、「場所」は「時間」となり、「時間」は「往古」を支えにしている。

この世界には、束の間、地上を支配する重力と重量から離れられる場所がもう一つだけある。劇場の舞台だ。そこでは、再生する祖先の身体が、昼と夜のあいだの一種の微光のなかに甦る。実際のところ、ダンサーの身体はこの場合、覚醒した状態で起き上がることはない。彼はなお二つの世界のあいだにいるのだ。彼はなお、舞台である洞窟のなかの七人の眠り聖人の一人だ。ダンサーたちを目覚めさせてはならない。彼らはまだいくらか中間世界にいる。彼らは二つの世界を往来している。同様に、シャーマンたちを目覚めさせてはならない。彼らの身体はそこにあるが魂は生と死のあいだへと去った。その魂は目覚める前の身体にたどり着くはずだ――太陽がでる前に。

暗黒舞踏《アンコクブトウ》の暗闇の中で、ダンサーとシャーマンは一つに溶け合う。


バイカル湖のオリホン島には、洞窟があり、そこには〈天空の息子〉カーン・クータ・ノイオンがいた。彼には一人息子がいた。シャーマニズムを創設した智者である。それは夜の猛禽《フクロウ》だった。メルゲン・カーラの祖父であり、巧妙な〈闇〉だった。

シベリア平原のシャーマンたちは死ぬために〈世界の果ての老女〉のもとへ向かった。遠くからだと、ステップのなかにある小さな茂みに見えた。しかしそれは茂みではなかった。それは山積みになったトナカイの枝角で、雪の中のユルト〔遊牧民のテント〕のようだった。

ダンスの場所とはひとつの場所を意味しない。舞台は舞台上には開かれない。ダンスの場所とは時間のことだ。それは影から光へと移りゆく時間である。

この時間は誕生と再生の時間である。状態が変わる時間。

舞台とは、時間のなかでためらう時間の点である。

あるいはこの点は、最初の日の光が放つ方向を失った黎明の前夜である。あるいは、死に先立つ瞬間、方向を失った黄昏、だんだんと最後に近づく、お前は何者かという呼びかけなのだ。

地獄に着いてみると、生者たちの岸辺はいつもあまりに狭く、黒ずみ、薄暗く、騒々しく、泥に塗れている。生者たちはひしめき合っている。彼らは手を差し出している。それが舞台だ。舞台である木の浮き橋の下には、深く、底のない、眩暈を起こすような湖、叫び声をあげ、死に瀕した、歌い声の響く湖が広がる。それは穴だ。前方、真ん中に、一段高くなった面の上を数々の身体が前進している、不可視の、大きな、無限に広がる向こう岸。

3　ル・オードの渡し船

わたしが七歳か八歳の頃の話だ。人々はル・オードの渡し船にのって、海水の混ざるセーヌ川を渡っていた。木製の渡し船もあった。河口を普通の渡し船よりももっと時間をかけてゆっくりと渡る木製の船がわたしは大好きだった。この世界ではすべてが復活祭であり、通過であり、船頭のいる小舟、岸から岸への渡し船だ。四歳だった私、五歳だった私は、渡し船の木製のデッキにいるのが好きだった。デッキには牛、ジュヴァキャトルやキャトル・シュヴォー〔いずれもルノー社の車〕、輓馬、柳の編みカゴのなかで頭をぶつける雌鳥、鳴き声をあげる豚がいた。サン・ニコラ・ド・ラ・タイユとヴェルニエ湿地のあいだのセーヌ川の河口にタンカルヴィル橋が建設される以前の時代のことを思い出している。一九五二年か一九五三年のことだ。一九六六年に、湿地の上方、畑の下方にある牧草地に行き着いた。わたしたちはみな驚いたが、そこには家が建っていた（わたしはノエル、マリー＝ジャンヌ、ジャン＝ルイと一緒だった）。たまたま羊の分娩の時期だった。雌羊が立ったまま草の上に子を産み落とした。母は子をわずかのあいだ舐め、胎膜を食い破った。それがわずかな時間続いた後、子羊はもう自分の足で立っていた。そしてよろよろと歩いた。五分後には子羊は光のなかを跳ねていた。わたしたちの頬を濡らすノルマンディーの悲しみのなかを跳ねていた。

　エピクテトスはローマの牢獄で次のように書いた。「生まれよ！　来たれ！　何が起ころうと己の考えをはっきり示せ！　与え失うなかで前進せよ！　大気の誕生とともに生じたまったく新鮮な天上の喜びの試練を照らせ！　天上の喜びは立ち上がる喜び！　開花する花々を観照せよ！　動物たちの子供をしかと眺めよ！　すべての樹々は育ち、すべての鳥は飛翔し、すべての哺乳類は起き上がり、太陽は昇る。ひとたびお前が生物となれば、お前が望む限り、太陽はお前のもとに戻り、天から贈えられたものにしみわたる。その時、クレアンテスの詩句を唱えるべし。ゼウスと運命の神よ、わたしを終わりへ、往古に定められた終わりへと導きたまえ」

往古に定められた終わりとは、神でもなければ、英雄でも、聖者でも、人間でもない。自然だ。力、起源、ピュシス、成長、爆発の前の内破。時間、すなわち、自然のなかの春だ。

畑のすみで昼食をとっていたことを覚えている。雨の中を小躍りする子羊たちを眺めながら。わたしたちはフードやスカーフをかぶって雨をしのいでいた。それは〈神の子羊《アニュス・ディ》〉だった、わたしたちの人生から罪を取り除いてはくれないが、この世界にその跳躍をもたらしてくれる。濡れ草の中を彷徨する、薄毛の〈神の子羊〉。雨粒に濡れないよう守りながら持参したワインをわたしたちは飲んでいた。

それから、少し千鳥足になりながら、来る時よりもゆっくりと帰宅の途についた。わたしたちは小さな川船に乗った。波止場の濡れた石畳の上にとめた車のもとに戻った。降り注ぐ雨がずっと石畳を弾いていた。

4　悪魔橋

サンスで大雨が降りはじめた。パンを探しに戻りながら、雨をしのぐため、当時、〈偽の川〉と呼ばれていたヨンヌ川の奇妙な支流に面した橋の下を走った。サンスの最初の橋は悪魔橋と名づけられた。二番目の橋はヨンヌ橋あるいはコシュ〔馬力船〕橋と名づけられた。このヨンヌ川支流には、かつてオセールからパリへとむかう小舟を手配する馬力船事務所があったからだ。わたしは身を丸めて支柱に寄りかかった。黒い水面の上を二羽の栗色を含む何羽もの白鳥が、次々と橋のアーチから音もなく現れた。水面には雨がばらばらと音を立てていたが、白鳥たちは気にかける様子もなかった。羽根に激しい雨が打ちつける中、白鳥たちが少しも動じることなく、雨が降っていないときよりも平然と、まっすぐな姿勢で水面を進んでいるのを眺めた。

わたしは橋のアーチの下の、小石の岸辺にうずくまっていた。あたりには無数に生えている野生のミントの香が立ち込めていたが、うずくまる時に足で踏み潰した。

あの老いた鳥たちに見惚れていた。周囲の天気がなんであれ、雨に打たれてもずぶ濡れになっても「動じることなく進む」ことのできるあの鳥たちに。

突然、白鳥たちは体を倒し、顔を水の中へつっこんで餌をとって食べた。

土砂降りはかつてのフランスの都に流れ込むやすぐにやんだ。

枯れた支流が再び動きをとめる。

水面を滑っていた白鳥たちは黒い水の上をゆっくりと再びわたしのほうに戻ってきた。ヨンヌ川のつるつるの水面に、その真っ白な身体を映しながらゆっくりと進んでいた。

わたしは、リュック・ペトンがシャイヨー劇場の舞台で六人のダンサーたちを使って六羽の白鳥を舞わせたあの崇高なバレエのことを思い出していた。

（おお白鳥よ、お前たちは自分の身体が水底にあると思っているのだろう。水を一挙に飲むために頭を前に傾けているのだろう。）

お前たちは自分自身へと向かって進んでいるのだ、現実の水面下には必ず、一種の力や起源のようなものがあるのだから。

お前たちそれぞれの姿が、絵画のように平らで光り輝く水面の上に反射してあらわれ、お前たちの先を進んでいる。

そのようにお前たち白鳥は水上に外‐在しているのだ。

それからお前たちは、自分の前をすすんでいる自分にむかって潜るのだ。

その時、次のような考えが浮かんだ。大昔、トリスタンとイゾルデはコーンウォールへ向かう船の中で恋に落ちた。銅製の手すりの上で二人はお互いの手を絡ませた。彼らは水の上を進んだ。彼らはただ互いの目だけを見ていた。もはやその目の中に自分たちについて何ひとつ見てとることはなかった。相手を見ることすらない。自分たちの結末を見ることすらない。子供を見ることもない。

彼らは水の上を進み、お互いの瞳の水のなかへと、開いた身体のなかへと消えていった。

こうも思った。クリジェスとフェニス〔クレティアン・ド・トロワの物語詩に描かれた恋人〕は、雪の降る冬のある日、ケルンの宮殿で恋に落ちた。彼らの手は、お互いの顔を見分けられるよう可能な限り白い靄をかきわけたのだ。

またこうも思った。ランスロットが王妃グィネヴィアを見つけたとき、王妃は死者の荷車に乗せられてあの世へ行くところだった。ランスロットは、ダイバーが海の中に飛び込むように、張り出し窓から外へ飛びおり、両足で弾んで、駆け出し、それから、不名誉な荷車に乗せられた王妃のかたわらに座った。誰もが二人を嘲笑した。ランスロットはその手に黄金の槍を握っていた。二人は愛し合っていた。二人は〈松林〉の中に入っていった。

オウィディウスがドナウ川の岸辺で自らの死を予感したとき、ひどい悪寒、凍てつくような寒さを感じると言った。雪は氷になり、口から白い息を吐き出しながら、次のように叫んだ。「Heu ! Quam vicina est ultima terra mihi ! ああ！　わたしはなんと世界の果てに近いのか！　果ての地がわたしの滞在地だ！　自然は人間世界の中で絶滅しはじめた！」すると、こだまが返ってきた。「遠く離れているときのほうが、お前はわたしのことを愛おしむのか？ Sum tibi carior absens ?」

5　オトンヌ湖

夏、八月の終わり、オトンヌ北部の荒野、一年中凍っている湖ではフクロウたちが普段の水浴びをしていた。わたしはいつも夜明け前に起きて、夜の暗さがわずかに残る中を湖の西の岸辺まで歩いた。それから太陽がのぼり、すべてが青く染まった。わたしは樹々の暗がりの中でじっと姿を隠していた。見つからないようにしゃがみ、フクロウたちが灰色の薄い氷の層の上で身を休めているのを眺めた。彼らは日が暮れると毎晩できる氷の水面を嘴で割り、爪で裂いた。それから水中にすっかり潜って、再び水面へと戻り、翼を広げて羽毛をふくらませ、溶けた氷片の混ざった水しぶきを自らにかけた。

それは、頭上に昇る日の光が新しさ、白さ、透明さを増していくなかで繰り広げられた喜びに満ちた一種のダンスだった。

フクロウの顔がいかめしく見えるため厳粛なダンスではある。それでも、幸福なダンスであることは間違いないと思う。水しぶきと昇る日の光が輝くなかで数分にわたって続いた真に喜びに満ちたダンス。

白黒のなか夜明けに行われたダンス、その白黒のダンスを終わらせようとフクロウたちは頭を、頭だけを三、四回、水の中につけた。その姿は、まるで人里離れた庵に沿って水上を列をなして進む白鳥のようだった。それからフクロウたちは、暗いなか、オトンヌ湖畔の松の木の低い枝にとまった。暗くて枝はよく見えなかった、ほとんど何も見えなかったと言っていい。そこで彼らは仔細に一枚一枚の羽の毛並みを整えた。それから一時間、いや、一時間以上にわたって羽全体をくちばしでつついて整えたのだ。舌で舐めて毛並みを整える猫のようだった。雪と日の光が生み出す白さのなかで羽を艶やかに光らせていた。それからフクロウたちは突然、影、木、湖、日の光に別れを告げ、飛び立った。昼のあいだはもうフクロウを見ることはなかった。

セイレーンの存在を信じていたかどうかは関係なく、アルゴー船がそばを通り過ぎる際に島のほうから歌声が聞こえていたかどうかは関係なく、ブテスはイアソンを見捨て、ゼテスを見捨て、自分のオールを捨てて、海に飛び込み、潜ったのだ。

鳥たちは嘴を人間の目の中に突き刺す、人間が海水に自分の顔から飛び込むように。

踊るものは、踊りながら、自分の顔を破壊するのだ――その顔はすでに舞台という黒い水のなかに飲み込まれ、可能性の限界で動きはじめるのだ。

踊るものを見る人間もまた、少しずつ、自分たちの顔を客席の闇の中で失うことになる。闇の中、踊り、身体を曲げたり伸ばしたりする人の顔、表情、胸、尻、性器を観客らはなんとか垣間見ようとするのだ。

突然、スポットがあてられた舞台の端で両膝をつくことが求められる。

琴を奏でるには両膝をつかなくてはならないからだ。自宅の床であれ、舞台の床であれ。

意味や習得した言語は重要ではない、音楽においても、沈黙においても、ただ両手を頭上に伸ばして握りしめる時も、口をつぐむ時でも、願うことが突然、求められる。膝をつき、そして願う。願うことは膝をつき、頭をあげ、身体のなかでもっとも傷つきやすい面を、わずかな光へとむけることだ。

踊るとは哀願すること。

プロクロスは次のように書き残した。「植物すらも祈り、日の光に向かって、静かに伸びる。炎ですら静かに伸びる、植物よりも以前に、地上に生命が生まれるよりも以前に」


十年ほど前の、二十一世紀初頭のある日、ストックホルムで、フランス大使が大使館近くの小さなカトリック教会に連れて行ってくれた。大使は「しっ」と唇に指をあてながら、革製の内扉を開け、薄暗がりのなかへとわたしの背を手のひらで押した。そしてもう一度、静かにと指で合図をした。祭壇の前にはひとり膝をついて待っているイングマール・ベルイマンの姿があった。彼は牧師の息子だった。ベルイマンは毎日教会に来て、静かに、一時間も二時間も聖歌隊の横でひざまずいていた。彼が待っている姿を見ながら、わたしは待った。彼は踊っているのではないか、祭壇の上の大きな蝋燭の光にただ顔を向けながら、集中し、体をこわばらせ、愛想もなく、微動だにせず。

訳者あとがき

本書は Pascal Quignard, *L'Origine de la danse*, Editions Galilée, 2013 の全訳である。フランスを中心に活動し、二〇一四年に他界した女性舞踏家、カルロッタ池田（一九四一―二〇一四年）とのパフォーマンス公演『ギリシア悲劇　メディア』のための台本として書かれたテクスト（第三章「瞑想するメディア」）を「母胎」としながら、縦糸としてキニャール自身の（とりわけ幼年期の）体験を、横糸として「母と子」や「性」をめぐる古今東西の神話や伝承、そしてそれらに対する著者の考察を紡ぎながら構成されている一書である。舞踊論としては、きわめて特異な書物だといえよう。

メディア（メーデイア、メデア）は、ギリシア神話に登場するコルキス（現在のジョージア）の王女である。太陽神ヘリオスの孫であり、魔女キルケーの姪にあたる。メディアをめぐっては、古代からさまざまな図像が描かれてきたが、近代以降でいえば、一八五五年の万国博覧会にも出品されたドラクロワの《怒れるメディア》（リール市立美術館蔵、一八三六年―一八三八年）が最も有名だろう。メディアは洞窟のような場所で、右手に短剣をもち、左腕に怯えるふたりのわが子を抱いている。つまり描かれているのは、いまにも息子たちを手にかけようとしている瞬間だ。エピソードには事欠かない人物だが、それを象徴するのは《子殺し》である。

人口に膾炙している『メディア』といえば、古代ギリシアの劇作家エウリピデスによって書かれた戯曲がある。紀元前四三一年、古代アテネのディオニュソス祭で上演された作品である。王女メディアが、ギリシア中部のテッサリア出身の夫イアソンとともに、異郷コリントスで暮らしていたころの物語だ。当時のコリントスは、アテネやスパルタと並ぶ主要な都市国家《ポリス》のひとつであるギリシア南部の港湾都市だった。そのコリントス王クレオンが自分の娘婿にイアソンを望んだとき、権力と財産に惹かれたイアソンは妻と子供たちを捨て、この縁組みを承諾してしまった。クレオンから国外追放の命を受けたメディアは、一日の猶予のうちに、イアソンとクレオン父子への〈復讐〉を決意する。

エウリピデスの『メディア』が現在も世界各地で上演されているのは、残酷でショッキングな結末ながらも、男の不義という主題に立脚していることで、普遍的なドラマとしても理解できるためである。その意味において、エウリピデスの『メディア』は、本書の思考の中心的主題とはなりにくい。キニャールはこう言っている。「真のギリシアのメディアとは、エウリピデスにおける女王アガウエである」。エウリピデスの『バッコスの信女』に登場する母アガウエは、神に狂気を吹き込まれることで、口から泡を吹きながら息子の四肢を引き裂き、その首を杖の先に突き刺して山から町に降りてくる。

その一方で、古代ローマで書かれたいくつもの『メディア』の断片やセネカによる同戯曲も本書の着想の源泉となっている。その理由は、第一章でキニャール自身が、カルロッタ池田に対して次のように訴えていることからも理解できる。「その昔、古代ローマ人たちが描いた《メディア》が、自分を裏切った男に深い苦しみを与えようと思っただけで胸の鼓動を抑えきれずにいたことを伝えた」。しかしメディアとは何者なのか。

言うまでもなく、単に不実の夫に怒り狂い、冷静に子殺しを実行してしまう母であるのだと、心理的な次元で理解されるべきではない。メディアは、目を閉じて瞑想《メディテ》する。しかも、太陽が最も高い地点に到達する真昼《ミディ》に。一切の思考が、運動が止まる瞬間。眠れる女神の恍惚的な収縮とこわばり。そのようなメディアのイメージは、わたしたちを旧石器時代のシャーマンへと送り返す。あるいは、勃起的男性器《リンガ》をもつ禁欲のシヴァ神の図像へと。だが、キニャールの見立てによれば、そのような逸脱的な身ぶりは、キリスト教社会の拡大によって、失われてしまったのだという。したがって、そのような放棄の身ぶり、あるいは自己そのものが失われる状態を回復することが、本書の目標となっているともいえる。

このような太古から現代に至るまでの「ダンス」の最大の敵は、本書で繰り返し論じられているように、（空気中においてしか成立しない）言語である。羊水のなかの数カ月間から生誕に至るまでの経験は、言語を通じて、どこまでも失われつづけていく。言語に先立つのは「沈黙」であり、ダンスは言語に属するものではない、と著者は断言する。「わたし」という主体が形成される以前の、わたしならざるわたしの身体を――しかし、はたしてそれは本当に「身体」なのだろうか――「回復」しようと努めるのが、かれの舞踏＝ダンス論であり、それに身体ではなく、言語によって迫ろうとする不可能な試みこそが、この一冊なのである。

ダンスの歴史を少し思い起こせば、「一九四五年以降《ポスト》」に生まれた舞踏――「真っ白な裸の幼虫」が地面を這いつくばるような踊り――は、十九世紀中頃に誕生したロマンティック・バレエ――妖精のように、重力に逆らうような飛翔を志向する踊り――と明らかに反対の方向を向いている。〈上〉と〈下〉は、本書を読むまでもなく、ダンスを生み出す最も重要な力線であるのだが、キニャールは舞踏ではなくダンス全体の起源に、決定的に失われてしまったがゆえ、わたしたちが接近不可能であるはずの胎内の、そして誕生の経験を見ている。いわば、人間の人間性を再検討するべく、その準備段階の独自で唯一的な――〈内〉と〈外〉の――臨界的な経験へと迫ろうとするのだ。キニャールにおける「起源」は、このような欠落のイメージそのものであり、その欠如を埋めることこそ、テクストが紡がれる必然性へとつながっている。

＊

わたしは、この一冊を訳し終えて、今はなき六本木のスーパーデラックスで見たキニャールとカルロッタの『メディア』を思い出そうとしている。秋風が冷たくなりはじめるころ、東京の中心であるがゆえに狭隘な地下鉄の駅構内を脱出して、六本木ヒルズ（地図からは抹消されているが、その付近にはいまだに二十三区唯一の米軍基地「ハーディー・バラックス」がいまだに残っている）の横を通り過ぎ、横断歩道を渡ったところに、その「地下《アンダーグラウンド》」はあった。狭い階段を降りると、客席のすぐ横にバーカウンターがある若者向けの洒落た「劇場」。数十人も入れば、混み合う小さな空間だ。そこでかれらの作品が上演されたのは、二〇一一年十月のことだった。三月十一日に「破局的転倒《カタストロフエー》」が日本を襲って以降、落ち着きを取り戻すにはまだまだ時間が必要だった時期である。そのような文脈は、本書の執筆にも少なからず影響を与えていることだろう。

だが、どうしたことか。わたしには、そのときの記憶がまったく思い出せないのだ。まるで胎内の記憶のごとく、失われてしまったのである。二〇一一年は、異様な高揚感に包まれていたことを考慮しても、これは驚くべきことだ。いずれにせよ、翻訳のプロセスにおいて、わたしが舞台を見た十年前の経験はキニャール的な「起源」にほかならず、キニャールの朗読と沈黙、そしてメディアに扮するカルロッタの光と闇は、わたしのなかで永久に失われてしまった。

この間、そのような訳者に慰みを与えてくれたのは、「室伏鴻アーカイヴ」（https://ko-murobushi.com）がインターネット上に公開している『ツァラトゥストラ』（一九八〇年）の抜粋映像であった。室伏鴻（一九四七―二〇一五年）もまた、フランスの舞踏シーンに影響を与えた振付家のひとりであるが、彼はカルロッタ池田を中心とした女性舞踏カンパニー「アリアドーネの會」の仕掛け人でもあった。『ツァラトゥストラ』は、一九六〇年代のカウンターカルチャーの一翼として（具体美術協会や松竹ヌーヴェルヴァーグ、あるいは天井桟敷などのアングラ演劇とともに）登場した舞踏が、袋小路に迷い込んでいた七〇年代を経て、ある種の「深みと軽みのある自由さ」を獲得した記念碑的な作品であるとされる。ここに海野弘の評を引いておこう。

アリアドーネの會のコレオグラフィーにある、ひざを割ってしゃがむポーズ［相撲の立合いの型］などは東方的なものである。西方の身体を持つブリジッドの異質な動きは、アリアドーネの會全体としての東方性を逆によりはっきりと照射している。カルロッタ池田とアリアドーネの會の獲得した表現力の深みをさらに楽しく見せているのは室伏鴻などのブレーンによる演出である。自転車乗りによるサーカス的空間、つくりものの巨大な牛の出てくる土俗的空間、そして轟然と降りそそぐコークスの雨。仕掛けやからくりの好きな私はすっかりうれしくなった。室伏鴻の夢みる、サーカス的、キャバレー的、スペクタクルの空間が予告されている。

（『日本読書新聞』、一九八〇年五月二十六日）

本書の読者が「舞踏」にどのようなイメージを抱かれているかはわからないが、カルロッタ池田の作品は、フレッシュな猥雑性と道化性をもって評価された。そのカルロッタの名がヨーロッパで知られるようになったのは、ソロ作品『うッ』（一九八一年初演）である。彼女は九〇年代からフランスに拠点を移し、山海塾とともに舞踏の国際的展開に貢献した。そのような日仏のダンス交流は、直近でいえば、フランソワ・シェニョーと麿赤兒のデュオ作品『ゴールドシャワー』（二〇二〇年初演、二〇二一年日本公演）などのプロジェクトにもつながっている。余談だが、麿の大駱駝艦の創立メンバーには室伏も名を連ねており、一九七九年に東京・練馬に開設された稽古場兼劇場（豊玉伽藍）の柿落とし公演では、「アリアドーネの會」が〈獣のおどり〉を捧げている。

冗長な解説となってしまったが、本書の醍醐味は、キニャールにおける記憶のシンコペーションだろう。そのような思考のリズムをもってしか、「起源」という深淵な問いには迫ることができないようにも思われてくるほどだ。しかも、本書が標的とするのは、身体表現や舞台芸術に関心をもつ読者だけではない。《子殺し》に関する報道がけっしてめずらしくない日本社会においては、誰にとっても何らかの「アリアドーネの糸」が含まれているはずだ。「歴史の工場」と呼ばれるメディアの問いは、わたしたちの日常を侵食しているのである。

なお、本書の翻訳は第一章から第十三章までを堀切が、第十四章から第十八章までを桑田が担当し、最低限の訳語の統一を図ったうえで、全体の細部にわたってドゥヴォスが修正を施した。また、著者パスカル・キニャール氏自身の助言を受けた箇所もある。付記として、セネカの作品は『メデア』と表記するほうが正確ではあるが、読者の便宜を図って、訳文のなかではすべて「メディア」に統一してある。

また、引用されている文章に邦訳が存在する場合は適宜、既訳を参考にさせていただいた。なお、第十四章にプラトンの著作への参照があり、原書では女性名詞の *Politique*（『政治』）と記載されているが、内容からしても『国家』（*La République*）の間違いだと思われるので、訳者のほうで訂正しておいた。

＊

末筆となって恐縮だが、〈キニャール・コレクション〉の編集委員の皆さん、そして水声社の神社美江さんには、翻訳作業の大幅な遅れをお詫びするとともにこのような独自な舞踊論を刊行する貴重な機会を与えてくださったこと、心より感謝申し上げます。

二〇二一年十月

訳者を代表して

堀切克洋

訳者について——

桑田光平（くわだこうへい）　一九七四年、広島県府中市に生まれる。東京大学大学院博士課程満期退学。パリ第四大学文学博士。専攻、フランス文学・芸術論。現在、東京大学大学院総合文化研究科准教授。主な著書に、『ロラン・バルト　偶発事へのまなざし』（水声社、二〇一一）、『写真と文学』（共著、平凡社、二〇一三）、『世界の八大文学賞受賞作から読み解く現代小説の今』（共著、立東舎、二〇一六）、*Réceptions de la culture japanaise en France depuis 1945* (collectif, Honoré Champion, 2016)、主な訳書に、『ロラン・バルト　中国旅行ノート』（筑摩書房、二〇一一）などがある。

堀切克洋（ほりきりかつひろ）　一九八三年、福島県福島市に生まれる。東京大学大学院総合文化研究科超域文化科学専攻（表象文化論）博士課程単位取得退学。専攻、舞台芸術論、表象文化論。主な著書に、『読まなければなにもはじまらない　いまから古典を〈読む〉ために』（共著、文学通信、二〇二一）、主な訳書に、マイリス・ベスリー『ベケット氏の最期の時間』（早川書房、二〇二一）などがある。

パトリック・ドゥヴォス（Patrick Devos）　一九五五年、コンゴ民主共和国ボマに生まれる。一九八四年、国立東洋言語文化研究所日本学科ＤＥＡ課程修了。専攻、日本の舞台芸術、フランス演劇。東京大学名誉教授。主な訳書に、『欲望と誤解の舞踏——フランスが熱狂した日本のアヴァンギャルド』（監訳、慶應義塾大学出版会、二〇一七）などがある。

パスカル・キニャール・コレクション

ダンスの起源

二〇二一年一二月二〇日第一版第一刷印刷　二〇二一年一二月三〇日第一版第一刷発行

著者——パスカル・キニャール

訳者——桑田光平＋堀切克洋＋パトリック・ドゥヴォス

装幀者——滝澤和子

発行者——鈴木宏

発行所——株式会社水声社
東京都文京区小石川二—七—五　郵便番号一一二—〇〇〇二
電話〇三—三八一八—六〇四〇　FAX〇三—三八一八—二四三七
［編集部］横浜市港北区新吉田東一—七七—一七　郵便番号二二三—〇〇五八
電話〇四五—七一七—五三五六　FAX〇四五—七一七—五三五七
郵便振替〇〇一八〇—四—六五四一〇〇
URL : http://www.suiseisha.net

印刷・製本——モリモト印刷

ISBN978-4-8010-0231-9
乱丁・落丁本はお取り替えいたします。